自分なりの
解決法が見つかる

前向きに悩む力

THE POWER OF
POSITIVE WORRYING
BY TOKIO GODO

午堂登紀雄

日本実業出版社

悩むだけでは心は強くならない——はじめに

のっけから恐縮ですが、私には悩みがありません。社会の閉塞感や生きづらさといったものもまったく感じません。

私にとって、人生は楽勝、未来はとんでもなく明るく、毎日が楽しくて仕方ありません。なんとすばらしい時代だろうと感じています。

とはいえ、もちろん生まれてこの方ずっと悩みがなかったわけではなく、人並みに悩みを抱えてきました。たとえばかつての私の悩みを思い出してみると……

・中学生のころ、顔面がニキビだらけで恥ずかしかった
・中学でバレーボール部のキャプテンをしていたが、どうすれば部員がまじめに練習してくれるか悩んだ
・父親と進路への意見が合わず、高校を卒業して家を出るまで確執状態が続いていた
・いままで付き合った女性のうち、５人から振られて自暴自棄になったことがある
・大学がつまらなくなり、行くのがイヤになって学費を払わず除籍寸前になった
・日本の公認会計士を目指したが、試験直前で心が折れ不合格になった

・大卒時に就職が決まらず、半年間フリーターだった
・最初に就職した会社でパワハラを受け、ウツ寸前になった
・その会社も結局クビ同然で自主退職することになった
・職場の人間関係（後輩や上司）が悪化したことがある
・調停離婚したことがある
・裁判で訴えられたことがある、裁判で訴えたことがある
・つくった会社のうち3社を業績不振や役員間のトラブルで廃業した
・従業員の集団退職に遭い、経営者としての器に欠ける自分が情けなかった
・経営していた会社の資金繰りが悪化し廃業を覚悟した
・信頼していた部下の裏切りに遭い、会社が空中分解した
・株主と事業方針をめぐってトラブルになった
・税務調査が入り、５００万円以上の追徴課税を受けた
・再婚してできた子どもは発達障害だった

など、多くの人が「そりゃ大変だ」という経験をしてきました。そして冒頭の境地に達したのは40歳ぐらいと、ずいぶんあとになってからです。

そして現在、日常生活で直面するほとんどの出来事・状況で、「そもそも悩まない」「悩みに感じない」自分になっています。

ではなぜいまの私には悩みがないのか、を考えてみました。

知識や経験、そして経済力がついてきたこともありますが、大きな理由は２つ、

「悩むような状況に直面しても、それを課題として認識し解決できるようになった」

「物事の受け止め方を自在に制御できるようになった」

からだと捉えています。

◉悩みにも意味はある

ただし逆説的なようですが、まったく悩まないのがいいことだ、とは必ずしも言えないような気もします。というのも、**いったん悩むというプロセスを経ないと、腹落ちしないことがある**のも確かだからです。

たとえば「いろいろ考えてみたけど、やっぱりこれでいいんだ」という納得感は、ある程度悩んだからこそ訪れる境地であり、悩まなければ得られないものでしょう。

私の場合、「会社を大きくしようとあれこれあがいてみたけど、やっぱり自分はひとりでやるのが向いているな」と、あるとき気づきました。それからはもう迷いはな

く、事業の拡大局面でも逡巡することなく「人を雇わず外注」「システムで自動化」を選んでいます。

そういう意味でも、**適切に悩んで結論にいたるプロセスは、迷いを払しょくして突き進む前の準備運動のようなもの**なのかもしれません。

また、**人間には様々な感情が備わっていて、それには必ず意味があります。**

たとえば「不安」も、危機察知能力のひとつだと言えます。不安がなければ、たとえば安易に藪《やぶ》のなかに立ち入りヘビなどにかまれるリスクがあります。

つまり不安とは、自分の命を守るために動物に備わっている生存本能のひとつであり、生きるうえで不可欠なものです。

これと同様、**悩みには「向上心」「成長欲求」という意味がある**のではないかと思います。「こうなりたい」「こうありたい」という成長欲求があるからこそ、まだ理想に到達できない自分に悩むわけです。

そして私たち人間は、喜びや悲しみ、嫉妬や劣等感、達成感や感動など、ネガティブにしろポジティブにしろ、様々な感情を体験するなかで重層的な「自分」を形成していきます。

しかし、傷つき悲しみ悩むといった感情を経験しないと、その方面では非常にもろく、偏ったメンタルで、弱点を残したまま大人になってしまいます。そしてもし、自分の弱点がさらされる場面に遭遇すると、ひどく動揺したり、落ち込んだり、思考力が低下し適切な判断ができず、不利な状況になってしまいかねません。

一方、これら**人間が抱くあらゆる感情を経験しそれを適切に処理し乗り越えていくと、精神は成熟していきます**。

その積み重ねによって、少々のことでは動じない強い心が養われます。逆境や絶望を感じる場面でも、安易にパニックになったり挫折したり自暴自棄になったりすることなく、冷静に対処できるようになります。

だから多感な10代のころは最も悩みを抱える時期で、これも必要だからこそなのでしょう。身体が成長するだけでなく、そうやって心も成長していく。そういう意味でも、悩みの経験自体は悪いことではないのです。

◉グルグル回るだけの悪い悩み方をやめる

その際、**「正しく悩む」「楽しく悩む」必要がある**と考えます。

悪い悩み方とは、視野がせまくなり柔軟性を欠き、思考が堂々巡りをして創造性が失われることです。選択肢が見えなくなり、誰かに相談することすら思いつかなくなる。ずっと悩みに支配されれば、勇気や好奇心が失われる。

また、自分ではどうにもならないという思考放棄になり、他責や自己嫌悪、自暴自棄、絶望感へとつながりやすくなります。

ただ悩めばいいというものでもなく、悩んだだけでは心は強くならないし、悩み抜いたからといって成長するわけでもない。

悩んだ先に、問題が解決されるとか状況が改善されるとか、自分や周囲が幸福になる行動につながるものでなければ意味はない。

同じ悲観的思考がグルグル回るだけの悪い悩み方をやめ、悩みを課題に変え、「解決方法を編み出す」発想への転換が必要です。

◉悩みの解消方法は3つしかない

そうした私自身の経験と問題意識から、悩みを解消するために必要なことはつぎの3つだと考えています。

- **解決のための行動をとる**
- **悩みの捉え方を変え、悩みでないようにする、あるいは軽減する**
- **そもそも悩まない思考回路をつくる**

最初の「解決のための行動をとる」というのは当たり前のようですが、ではなぜ悩みはなくらないのか。

たとえば悩みを具体的に特定できていないこともあるでしょう。たとえば「老後の不安」などといった漠然としたものです。

そして、自分にはできないと「思い込んでいる」ケースも少なくありません。「そんなこと言えない」「そんなことできない」「ムリに決まっている」という固定観念や先入観が邪魔し、悩みの解決に動けない。

しかし前述のとおり、悩みは自分の成長欲求や向上欲求から来ていることが多いものです。「どうでもいい」と思っていれば悩まないでしょう。だから「これはよりよい自分になるための課題なのだ」と捉えて取り組むことです。

つぎの「悩みの捉え方を変え、悩みでないようにする、あるいは軽減する」「そもそも悩まない思考回路をつくる」とは固定観念を外して「執着しない」ことです。なぜなら、「こうでなければいけない」という思い込みが悩みを生み出すからです。たとえば、「大卒でないといけない」という執着が学歴コンプレックスになる。一方、執着しない人は悩みません。「別に高卒でも中卒でもいいじゃん」という人は、そもそも悩みにならないわけです。

そこで本書では、この3つの視点から、「性格」「劣等感」「キャリア」「人間関係」「お金」「挫折」という項目で私自身の考えを紹介しています。本書が読者のみなさまの悩みの軽減に少しでも貢献できれば、著者としてうれしく思います。

2020年9月

著者　午堂登紀雄

前向きに悩む力◎もくじ

悩むだけでは心は強くならない――はじめに

第1章 悩み

01 「悩む」のをやめる……016
やめられない人 生きづらさや息苦しさを感じる。
やめられた人 幸福感・充足感を得られる。

02 「悩みすぎる」のをやめる……024
やめられない人 深刻に受け止めすぎてしまう。
やめられた人 「何がなんでも避けたいこと」以外はＯＫと思える。

03 「他人のせい」にするのをやめる……030
やめられない人 他人や会社に依存し腹を立てる。
やめられた人 自分が選んだ結果と受け止め、解決法を考え行動できる。

04 「自分の考えにしがみつく」のをやめる……036
やめられない人 「相手が間違っている」と無駄にイライラする。
やめられた人 「それもアリか」と思えて省エネで生きられる。

05 「先行き不安」で悩むのをやめる……042

やめられない人　他人の発言に引っ張られ、適切に対処できない。
やめられた人　「知識・教養」にもとづき、自分への影響を予測できる。

第2章　性格

06 「自分の性格」に悩むのをやめる……052
やめられない人　いつもクヨクヨ悩んでしまう。
やめられた人　新たに学習して幸福をつかめる。

07 「マイナス思考」で悩むのをやめる……058
やめられない人　「リスク・欠点」を恐れて行動できない。
やめられた人　「危機察知能力の高さ」を活かして行動できる。

08 「自信が持てない」と悩むのをやめる……062
やめられない人　潜在能力を発揮できない。
やめられた人　「小さな挑戦」から始めて、失敗の教訓をつぎに活かせる。

09 「完璧でないといけない」と思い込むのをやめる……068
やめられない人　ミスや失敗を恐れ、行動できない。
やめられた人　他人の目を気にせず、思い切って行動できる。

10 「ささいなことでイライラする」のをやめる……074
やめられない人　自分と違う人を許せず、不満や争いが増える。
やめられた人　他人の行動を尊重し、精神的に余裕が生まれる。

11 「後悔する」のをやめる……082
やめられない人　過去の出来事や判断を後悔し、時間を無駄にしてしまう。
やめられた人　都合よく解釈して教訓を得て、前向きに歩ける。

第3章 劣等感

12 「自分のスペック」を嘆くのをやめる……………088
やめられない人　いつまで経っても、「いい仕事」に就けない。
やめられた人　自分の「力」を見直し、お金と自由を手に入れられる。

13 「学歴」で悩むのをやめる……………096
やめられない人　「人間としての価値が低い」と、引け目を感じ続ける。
やめられた人　才能を発揮する領域で、価値の高い成果を生み出せる。

14 「容姿コンプレックス」で悩むのをやめる……………102
やめられない人　他人と比べて自信を持てない。
やめられた人　人の魅力も自分の魅力も多面的に評価できる。

15 「嫉妬」で悩むのをやめる……………108
やめられない人　自分を苦しめ、周囲と軋轢《あつれき》を起こしてしまう。
やめられた人　自己評価を修正し、できることに集中できる。

第4章 キャリア

16 「評価されない」と悩むのをやめる……………114
やめられない人　どの会社でも同じ不満を言い続ける。
やめられた人　他者に評価されるように適切な努力をする。

17 「会社の方針に不満を言う」のをやめる……………120
やめられない人　不平・不満で人生を無駄遣いする。
やめられた人　「離脱」「発言」「忠誠」のどれかを適切に判断できる。

18 「給料が上がらない」と悩むのをやめる……124
やめられない人　見込みの薄い環境で嘆き続ける。
やめられた人　自分の環境を理解し、適正な市場価値と年収を得られる。

19 「やりたいことがわからない」と悩むのをやめる……130
やめられない人　会社を選べず、モチベーションがわかない。
やめられた人　目の前の仕事に打ち込み、目標や課題が見つかる。

20 「大企業か、ベンチャーか」で悩むのをやめる……134
やめられない人　会社環境に依存していずれ行き詰まる。
やめられた人　自分の実力を発揮できる仕事を選べる。

21 「起業したいが、失敗が怖い」と悩むのをやめる……142
やめられない人　起業を目的にして、手段と目的を混同する。
やめられた人　自分の想いを形にして、創造的に生きられる。

第5章 人間関係

22 「いい人」をやめる……150
やめられない人　周囲に過剰に配慮し、疲弊してしまう。
やめられた人　自分の意思を示しつつ、深い関係を築ける。

23 「言いたいことが言えない」と悩むのをやめる……158
やめられない人　人の目を気にしてストレスを溜める。
やめられた人　言うべきことを伝えて、適切に対処できる。

24 「職場での孤立」を恐れるのをやめる……166
やめられない人　人の輪に入れずに苦痛を感じる。

やめられた人　「成果」を出すことにフォーカスし、居場所をつくる。
25 「グループから抜けられない」と悩むのをやめる……170
やめられない人　不満を溜め込み、大切でない人間関係に翻弄される。
やめられた人　「選ぶ権利」を行使し、大切な人との時間を過ごせる。
26 「ワンオペ家事育児」をやめる……176
やめられない人　ひとりで抱え込んで疲れてしまう。
やめられた人　家族で協力し、サービスを活用し、家族幸せに暮らせる。

第6章 お金

27 「貯蓄絶対主義」をやめる……188
やめられない人　大切なことにお金を使えない。
やめられた人　本当に大切なものにお金を使える。
28 「老後が不安」で悩むのをやめる……194
やめられない人　漠然とした不安で焦る。
やめられた人　対策と代替案で、充実した人生を過ごせる。
29 「お金がない」と悩むのをやめる……202
やめられない人　将来の可能性をせばめてしまう。
やめられた人　自己投資して、大きなリターンを得られる。
30 「教育費が高い」と悩むのをやめる……208
やめられない人　「指示待ち人間」の子に育ててしまう。
やめられた人　レールを敷かなくても、自分で考える子が育つ。

第7章 挫折

31 「夢・目標」にこだわるのをやめる……220
やめられない人　執着のせいで、身動きがとれない。
やめられた人　執着なく、自由に快適に過ごせる。

32 「あきらめられない」と悩むのをやめる……232
やめられない人　自分の適性を発揮する方法に気づけない。
やめられた人　自分の適性に応じた働き方・生き方ができる。

33 「立ち直れない」と悩むのをやめる……240
やめられない人　どうしたらいいか、わからなくなる。
やめられた人　内省し、自分を取り戻していく。

34 「出来事に一喜一憂」するのをやめる……248
やめられない人　失意のまま人生を終えてしまう。
やめられた人　人生の後半戦でピークを迎え、理想的な生き方が実現できる。

「成長する」とは「心が強くなること」――おわりに

カバーデザイン　中村勝紀（ＴＯＫＹＯ ＬＡＮＤ）
本文ＤＴＰ　一企画

第1章

悩み

01

「悩む」のをやめる

やめられない人

生きづらさや息苦しさを感じる。

やめられた人

幸福感・充足感を得られる。

悩み

◉悩みは自作自演のコメディに過ぎない

同じ出来事で悩む人もいれば、悩まない人もいます。

たとえば会社をクビになったとき、「人生終わった……」と落ち込む人もいれば、すぐに立ち直って「ほかの会社を受けに行こう」と切り替えられる人もいます。

あるいは、病気になって将来を悲観する人もいれば、「よし、治療に専念しよう」と開き直れる人もいます。

このように、**出来事自体が悩みのタネになるわけではなく、本人がわざわざ悩みに「設定」しているだけ。つまり、受け止め方の問題**なのです。

ほかにも「生きづらい」「肩身がせまい」「閉塞感のある社会」「夢が見られない未来」というのも、誰かがつくっているのではなく、誰かに強制されているのでもなく、自分が勝手にそう思っているだけ。

「みんなからこう思われている」「こう思われたらどうしよう」などと、どこにも存在しない他人の声を勝手につくり、それを気にして本音を出せないと息苦しがっているだけ。

社会や空気に色がついているわけではないのに、自分が勝手に色をつけて苦しんでいるだけ。

つまり、**「悩み」は自作自演のコメディに過ぎないことがほとんど**なのです。

だから、そういう悩みや不安とも無縁になるためには、**「自分本意な勝手な意味づけ」をやめる**ことです。

そして、**「気にしない」力、いい意味での「スルー力」を身につけること**です。ただし、「しない」というのは意思の問題ですから、そこにはまだ力みがあります。

理想は「気にならない」ようになることです。意思に頼らず自然体で動じない自分になること。いい意味での「不感症体質」になることです。

◉淡々と生きられることは幸福につながる

悩まない人、悩みを持ちにくい人は、あまり感情的になることがなく、ふだんから落ち着いて見えます。それは、一つひとつの出来事によって、いちいち感情が揺さぶられない冷静さを持っているからです。

その一方で、喜びや感激といった感情も湧きにくい傾向もあります。

これを「人間として寂しいのではないか」と思うかもしれませんが、10代の多感な時期や20代の人生経験が乏しい時期はともかく、30代以降になれば、喜びや感激は、実は人生の幸福とはあまり関係ないのではないか、と私は考えています。

成熟した大人が感じる幸福とは、「充足感」「達成感」「満足感」「納得感」、そして「平穏」です。

たしかにここには、たとえば「よし！　やったぞ！」などとある種の「喜び」や「感激」も含まれます。子どもが生まれたり成長したりしてもそうでしょう。

しかしそれでいちいちはしゃぐのではなく、出来事や環境、自分の行動を自分なりに評価し受け入れるという、冷静な受け止め方をするものです。

プロスポーツの世界でも、結果を出し続けている人ほど、得点を決めたり試合に勝ったりしても軽くガッツポーズをとるくらいで、「まあ、こんなもんだろ」みたいな感じで淡々としています。

逆にいちいち感情をあらわにする人は、出来事を冷静に受け止められず、そして外的要因に揺さぶられやすく、情緒が不安定になりがちです。

だから何かで大喜びしている人は、逆に不安や悩みも感じやすい傾向があり、実は精神が未熟な人も少なくありません。


私自身、ふだんから喜びもしないし怒りもしない、本当に感情が平たんという感じです。

子どもが部屋を散らかしても怒りの感情は湧かないし、ネットで炎上したり批判コメントが来たりしてもまったく気になりません。

相手が誰だろうとズケズケものを言うし反論もするので、誰かに何か不快なことを言われて悶々《もんもん》とすることもありません。

新刊の企画が通った、投資物件への融資の承認がもらえた、トレードで勝った、セミナーが満席になったという場面でも、「よし」「そうか」ぐらい。

子どもが成長しいろいろなことができるようになると、たしかに「感動」に類する感情は湧きますが、「成長したなあ」という、どちらかというと充足感や満足感に近い感情です。

でも、いやだからこそなのだと思いますが、日々が充実してとても幸せです。これは実感してみないとわからないかもしれませんが、**感情の起伏が乏しく淡々と生きられることは、ひとつの幸福**ではないかと私は考えています。

◉アイデアマンは悩まない

悩みを解消したり、悩みの受け止め方を変えたりするためのはじめの一歩は、能動的・自主的に意志を持って悩みに向き合うことです。

たとえば、雨の日が憂鬱という人がいます。

そうした人は、「じめじめしている」「洗濯物を干せない」「外に行けない」「服が濡れる」「傘を持つのが面倒」「どんよりとしているので気分が沈む」といったネガティブな印象を理由に挙げます。

ただ、そのネガティブな印象は「天気は晴れのほうがいい」という思い込み、「天気は晴れでないとイヤだ」という執着から来るものですから、発想を転換してみることです。

たとえば、こういう考え方はいかがでしょうか。

「晴れの日は晴れなりに、雨の日は雨なりに楽しもう」

そこで、どうすれば雨でも楽しめるかを考えると、たとえば濡れてもいいように着替えを持っていくとか。あるいは外に出かけたくなるようにおしゃれな防水靴と雨がっぱを買うとかといったアイデアが出てくるでしょう。

つまり、**環境変化を楽しめるように発想を転換するわけですが、これこそ「問題解決能力」にほかなりません。**

「雨で憂鬱」から「どうすれば雨でも楽しめるか」という思考チェンジは、ほかにもたとえば「このつまらない作業をどうすれば楽しめるか」「このしんどい状況をどうすれば楽しめるか」など、日常の様々な場面で応用が利きます。

こうしたアイデアが出ないと、自分の思い込みに縛られて気分が落ち込んだり、環境変化の影響をモロに受けて変化に翻弄されてしまいかねません。

しかしそれでは、外的環境に自分の幸福感といった感情すら左右される脆弱な状況のままです。

とくに雨が多い日本に住んでいるのに、雨が降るたびに「今日も雨か。憂鬱だな」と嘆く人生はつまらないでしょう。

だから**自分の力ではどうしようもできない変化については、その環境下でどうすれば楽しめるか、という「アイデア出し思考」へとスイッチする**必要があります。

「アイデアマンは悩まない」という言葉を聞いたことがありますが、まさにそういうことなのだと思います。

02 「悩みすぎる」のをやめる

やめられない人

深刻に受け止めすぎてしまう。

やめられた人

「何がなんでも避けたいこと」以外はＯＫと思える。

◉悩みの先に「どんな困った結果になるのか？」を考える

悩みを解消する方法のひとつは、その悩みの先に、どういう困ったことになるのか、そしてその結果、本当に立ち直れないぐらいの困った結果になるのかを具体的に考えてみることです。

その際、**「何がなんでも避けたいこと」「この状況はいくらなんでも絶望する」というラインを引いておきます。**そして、そのラインを越える状況は本当にやってくるのかを想像してみる。

そして**具体的に考えるほど、そんなに困ったことにはならないと気づくことのほうが多い**はずです。

たとえば私自身の**「人生でこれだけは避けたい」ライン**をご紹介します。

・最上位ランク

自分や自分の家族が死ぬこと
他人を死なせること
禁固5年以上の刑事罰を受けること

・次点ランク

自分や自分の家族が大けが・大病をすること
家族との離別
他人に大けがをさせること
訴訟で明らかに負けるような犯罪を犯すこと
いままで築いた財産をすべて失うこと

このようにラインを引いています。

そして、**自分が抱えている悩みや不安は、これらにつながるかどうかを考えてみる。**

すると、**ほとんどの悩みはここまで到達することはないので、「気にしてもしようがない」という判断になる**わけです。

ママ友に嫌われても、学校からモンペ（モンスターペアレンツ）扱いされても、明日のプレゼンで失敗しても、受験に失敗しても、嫌みな上司と険悪になっても、会社をクビになっても、会社のお局《つぼね》から無視されても、長年の親友とケンカ別れしても、前述の事態にはなりません。だから悩みにはならないのです。

◉わが子が発達障害と診断されたら?

具体的に考える際に必要なのは、やはり知識です。

私の長男は3歳のときに発達障害（自閉症スペクトラム）と診断され、いま発達を支援する療育施設に通っています。小学校もおそらく支援級になる見込みで、通常の進学ルートは見込めないと予想しています。

その関係で、発達障害の子を持つ親の話を聞くことが多いのですが、悩んでいる人は多いんだなと感じます。

なかには、障害を認めたくなくて児童精神科を受診させないとか、療育を受けさせない親もいるそうです。

それで適切な療育が受けられず強引に普通級に入れられ、学校でついていけないとか友達ができないとかで、いじめや登校拒否といった二次障害を起こすケースは少なくありません。

あるいは、保育園や学校から「診療を受けてみては」と言われたら、「ウチの子が障害児だというのか！」などとキレる親もいるらしく、その手の発言がタブーとなっている保育園もあると聞いたこともあります。

しかし、私は長男のことで悩んだことはありませんし、いまでも気にしていません。それは、先ほど紹介したラインを越えることがないからです。脳機能のアンバランスさですから、病気でもありません。

そもそも3歳になってもほとんど発語しなかったため、何かあるとは覚悟していました。そのため、医師から診断を告げられたときも「そうですか」ぐらいのことで、すぐに「発達障害児が活躍できる道はどのようなものがあるか」を調べ始めました。

そして認識しました。

人は誰しも長所と短所を持つデコボコ（凸凹）の存在であり、発達障害児はその乖離が大きいだけ。だから大切なのは、ボコ（凹）の部分は生活に困らない程度に底上げし、デコ（凸）の部分を伸ばしてあげることだと。

さらに調べてみると、起業家や研究者には発達障害を持つ人が少なくなく、興味を持った分野には独特の集中力で特異な成果を上げることがあるそうです。

そのため「ニューロダイバーシティ」という考え方（自閉症や発達障害のような非定型発達は、人間のゲノムの自然で正常な変異とする考え方）が社会に浸透しつつあり、支援環境が整っていく期待があることなども知りました。

実際、ＩＴ企業のなかには、発達障害の人材は適切にサポートすれば、常人より生産性が上がるということで「ニューロダイバース人材」として積極的に活用する動きが出ています。

というふうに、具体的に調べていけばいくほど、困った状況になるよりも、障害はむしろ長所なのではないかと考えるようになりました。

ここで重要なのは、「調べる」「知識を増やす」ことです。**知れば知るほど、自分の外側には広大な世界が広がっていて、解決方法があることがわかる。**仮に解決できなくても、気にならない環境をつくる道があるとわかる。「そんな生き方があるんだ」「そうやってもいいんだ」という安心感が得られる。

すると、悩みは絶望ではなく、希望に変わるのです。

03

「他人のせい」にするのをやめる

やめられない人

他人や会社に依存し腹を立てる。

やめられた人

自分が選んだ結果と受け止め、解決法を考え行動できる。

◉他人は何もしてくれない

悩みをなくす、あるいはそもそも悩まない精神構造を獲得するうえで大切なのは、**「人生はすべて自己責任である」という前提で生きる**ことです。

そもそも、他人や会社や政府や社会のせいにしたところで、その人たちが何かしてくれるわけではありません。むしろ期待し依存したら、期待とは違ったとき、裏切られたときに腹が立つでしょう。

それに、自分の人生が自分で変えられないとしたら、希望が持てないですよね。

もちろん、思いがけず病気になったり、あるいは車で後ろから追突されたり、暴漢に襲われたりということまで自己責任だとは言いません。

それら病気・事故・事件などは別として、**どんなことが起こっても、自分の状況はすべて自分の責任だと受け止める**ことです。

たとえば、会社が激務でしんどいと言う人でも、履歴書を送って面接を受け、そこに入社を決めたのは本人です。誰かが勝手に自分の履歴書を送って、面接を受けたわけでもない。つまり、**目の前の出来事は、本人が自由に選んだ結果**。逆に言えば、辞めるのも本人の自由、転職するのも本人の自由。誰も止めることはできないのです。

◉クサるのも発奮するのも本人の自由

貧困に悩む人もいます。もちろんお金がなければできることが限られるので不便ではありますが、それで発奮するかクサるかも本人の自由であり、自己責任です。

「やむをえず、低賃金で不安定な仕事に就かざるをえなかっただけだ」という主張もありますが、ならばそうではない会社に選ばれる能力を磨けばいい。

「チャンスがなかった」と言う人は大きな勘違いをしていて、たとえば図書館に行けば最新のビジネス書や専門書もあってタダで勉強できるし、世界のトップ大学の講義もオンラインで公開されています。だから、大学に行けなかったから教養や専門知識が身につかないということもありません。

私もかつて経営していた会社の業績が悪化し、自分の給料すら払えなくなり、家賃5万円のボロアパートに引っ越したことがあります。

それでも、近所の安い焼き鳥屋を見つけて喜んだり、コーヒーおかわり自由のカフェで何時間も居座ったり、それなりに楽しくやっていました。

お金もなく住んでいる家も貧しいけれど、「なんとかなるさ」という希望を持って

いれば、人生はお気楽なものです。

つまり、貧しいこと自体が問題なのではなく、自分よりも豊かな他人と比較し、貧しい状態の自分を悲観してクサる、本人の精神性に問題があるように思います。

そういうと、「希望が持てない社会が問題なんだ」「未来に希望が持てないからだ」と言う人が現れますが、希望とは本人の「意思」の問題であり、誰かに与えられるものでも誰かに夢を見せてもらえるものでもありません。

自分が希望を持てば、自分の人生は明るくなる。自分が希望を捨てれば、自分の人生も暗くなる。それはどちらも正しい。

つまり、自分はどちらの人生を志向するのか、という自由選択に過ぎないのです。

◉自分で決めて、結果を受け入れる覚悟を持つ

「自己責任」とは、文字どおり自分の人生に責任を持つことです。他人を見下すとか社会的弱者を突き放すことではなく、**「自分で決める、その結果は受け入れる」という覚悟を持つ**ことです。

病気になっても、日ごろの不摂生がたたったと受け止め、生活習慣を改善する。

職を失ったら、それは会社が求めるスキルを自分が磨いてこなかったか、あるいは

自分の適性に合わないだけと捉え、研鑽し、気持ちを切り替えて就職活動をする。

ピンチが来たら、「これはなんのチャンスだろう？」「これはどういう教訓を学べということなんだろう？」「この試練を克服しろというお告げだ」と受け止める。


同時に、**自己責任とは、他人や環境や社会の事象からのマイナスの影響を極力受けないように工夫することでもあります。**

他人に依存するのをやめれば、自らなんとかしようと考え対策を練ることにつながるからです。仮にマイナスの影響を受けたとしても、それを自力で修正・改善する意思につながるからです。


たとえば、「上司が無能すぎてモチベーションが上がらない」と嘆く人がいます。

でも、他人に自分のモチベーションが左右されるのはつまらないと思いませんか。「無能すぎる上司」のために、自分のやる気が損なわれるのは悔しくないでしょうか。

それに、他人が有能でないとやる気が出ないなんて、ずいぶんと守備範囲のせまいモチベーションしか持っていないなと思いませんか。

彼らが無能なら、有能な自分がサポートすればいい。ダメな指示ばかり出すなら、対案を提示してみる。理解してもらえないなら、どうすれば理解してもらえるか知恵を絞る。それでもムリなら、自ら実際に成功事例をつくる。成果を突きつければ、周囲の考えも変わるかもしれない。それでもダメなら転職すればいい。ダメな会社に居続けることは人生の無駄遣いです。

そうやって**自己責任を貫けば、自分の身に起こる様々な方面で予測し、想像し、備えようとする**はずです。**仮に問題が起こっても、「どうすれば解決できるか」という発想で打ち手を考え、行動しようとする**はずです。

たとえば家を買うときは、「ハザードマップを確認して安全な場所を選ぶ」とか、仮に浸水地域でも、「浸水被害をフルカバーできる保険に入っておこう」とか、災害用品や食糧を備蓄するなど、予測し備えるでしょう。

でも他人のせいにする人は、そこまで考えないし想像もしないし備えもしない。それで何か問題が起こったら自分の不幸を嘆くだけ。こんな窮屈な人生はないでしょう。

だから私は、悩まない人間になり、幸福な人生を手に入れるには、「自己責任意識」が非常に重要だと考えています。

04

「自分の考えにしがみつく」のをやめる

やめられない人

「相手が間違っている」と無駄にイライラする。

やめられた人

「それもアリか」と思えて省エネで生きられる。

◉「自分の考えが間違っているのでは？」と振り返る

悩みを解消するために必要な心構えのひとつは、**「もしかしたら自分の考えが間違っているのではないか？」と振り返る勇気を持つ**ことです。

私を含め、ほとんどの人は「自分が正しい」と思っています。もちろん、自分が正しいと思っているからこそ、その判断や行為に納得感が得られるわけですから、それが悪いというわけではありません。

しかし一方で、**自分の正しさにしがみつけばつくほど、自分の考えとは違う他人を見て「相手が間違っている」という発想になります。**そしてそれがよけいな悩みや不満、イライラを生むことになるわけです。

同時に、「こうでなければならない」という固定観念となり、そうでない自分を苦しめることになります。

たとえば、「家事を完璧にしないといけない」という考えに縛られると、「家事を手抜きする人」を見るとイラっとして不満をこぼしたくなる。どんなに多忙でも手を抜けず自分が疲弊する、あるいは罪悪感と自己嫌悪に陥る、といったことです。

そこで、**「仮に自分の考えが間違っていて、相手の考えが正しいとしたら、どうなる？」と考えてみる。**

たとえば飲み会や会食、ちょっとしたお茶会などで、きっちり1円単位まで割り勘する人を見て、「この人ケチだなー」とモヤっとした。

そこで相手の考えが正しいとしたら、「ワリカンしないとお金の貸し借りになり、それはお互いに不満や負担感を残すものだと思っているのだとしたら、きっちりワリカンが正しいと言えなくもない」という解釈もできます。

すると、**「まあ、それもアリか」と思えることも増える**のではないでしょうか。

先ほどの「家事は完璧にするものだ」という価値観の場合は、「それでどのくらいの実害が発生するか？」を考えてみる。

たとえば家事を手抜きする人を見て、「あの人にどのくらいの実害が発生するだろうか？」と想像してみると、「家のなかが散乱するくらいで、困った状態ではあるけれど、実害はないな」と気づきます。

これは自分のことでも同じで、「散らかっているのがイヤ」という気分の問題だけで、特段何かを失うわけではない。それならちょっとくらい手抜きもアリかな、と思えてこないでしょうか。

◉「マイルール」と「他人のルール」が違っていたら？

とはいえ、自分が正しいと信じている「マイルール」を変えるのは難しいこともあるでしょう。マイルールと他人や社会のルールとがぶつかることもあります。どうしても譲れない自分の正義もあると思います。

そんな自分のルールと相手のルールが違っていて苦しい場合は、

①相手に働きかけて自分のルールに合わせてもらう
②自分のルールが許される環境に移動する

のどちらかを選ぶことになります。「あきらめて相手に合わせる」はストレスが溜まるだけなので除外します。

たとえば、先ほどの「ケチな人」に対しては、

①「ねえねえ、端数は私が持つから、ワリカンはざっくり１００円単位にしない？」と伝えてみるとか。

②「ひとり○○円」という定額の店を選ぶか（伝票がひとつでも会計は別々にできる店も多い）、そもそもその人とは食事をしないという選択もあるでしょう。

私の場合は、結局他人を変えられないと考えているので、②を選ぶことが多いです。

◉行動・出来事に「評価」を持ち込まなければイライラは減る

同じ人や出来事を見ても、イライラする人もいれば、イライラしない人がいます。

たとえば自分は外から帰ってきたらコートをハンガーにかけるが、夫（あるいは妻）は床に投げ散らかす。これを見てイラっとする人もいれば、何も感じない人もいます。

つまり、最初からイラっとさせる人がいるのではなく（たまにそういう人もいますが）、自分で「イラっとさせる人をつくっている」のです。だから、自分自身がイライラしない人になれば、イライラさせる人はいなくなるわけです。

悪意を持っている人は別として、相手は悪気があるわけではなく、あなたに嫌がらせをしているわけでもない。ただ何も考えていないか、自然体で振る舞っているだけ。あるいは相手には相手の都合や事情やこだわりがあるのかもしれない。

イライラする相手を変えようとしても、エネルギーの無駄遣いです。

たとえば生後間もない赤ちゃんが歩けなくても、別にイラっとはしないでしょう。それは、「そういうものだ」と認識し、相手の行動を「評価していない」からです。

一方、仕事の手際が悪い部下や後輩を見てイライラするのは、「手際よくやるべきだ」という認識があって、その判断軸で評価をしているからです。

だから**行動や出来事は見るだけにとどめ、そこに評価を持ち込まなければイライラする頻度はぐっと減る**はずです。

評価しないで見るためには、「過剰に期待しない」こと、「ほどよくあきらめる」ことが必要です。「こうしてくれるはず」「こうするのが当たり前」という期待が強すぎれば、そうでないときにイライラします。だからそれを緩める。

そしてほどよくあきらめるには、期待どおりにならなかったときのことを想像しておくことです。「ハンガーにかけておいて」と相手に伝えつつ、同時に（やらないかもね）と覚悟しておくと、実際にそうなったときのイライラも緩和されるでしょう。

05 「先行き不安」で悩むのをやめる

やめられない人

他人の発言に引っ張られ、適切に対処できない。

やめられた人

「知識・教養」にもとづき、自分への影響を予測できる。

◉「リベラルアーツ」が悩みを解放してくれる

先行きの見えない未来、明確な答えのない社会、ロールモデルのない前人未到の時代に、不安にならず、クヨクヨせず、悩まず、つねに顔を上げて前を向いて生きるにはどうすればよいのか。

その解決方法のひとつが、リベラルアーツを学ぶことです。

リベラルアーツとは「自由への技能」と言われることがあるように、リベラルアーツを高い水準で習得することが、自身をより自由な立ち位置へと導いてくれます。

それはなぜかというと、「多様なものの見方」を手に入れることができるからです。視点・視座・考え方・生き方・価値観・世界観を増やせば増やすほど、未知の場面に遭遇しても適切・柔軟に対処できるようになります。

その**リベラルアーツは、「知識」と「教養」から成り立っている**と私は考えています。

まず、「知識」とは、私たちが生きる世界がどういう仕組みになっているか、その構造や関係といった全体像の理解と、たとえば社会学・経済学・法律といったより生活に密着した具体的な情報です。

知識が豊富であればそれだけ選択肢が広がるし、それが自分にとってどういう影響

をもたらすのかを見通すことができます。

そもそも、知っているかどうかだけで差がつくことはたくさんあります。

わかりやすいところでいえば、「この商品はどこの店が安いか」、あるいは「どういうツールを使えば最安値の店がわかるか」という知識です。これを知らなければ同じ商品でも高いお金を払う羽目になります。

あるいは税金の知識があれば、より多くのお金を残せますし、法律の知識があれば、たとえば架空請求のハガキが届いたとしても平然と対処できるでしょう。

つぎに、**「教養」とは、知識の量や範囲ではなく、物事の見方・価値判断基準**です。何に価値があるか、何が本質か、何が重要か。何が必要で何が不要か、何が美しく何が醜いか。

こうした教養があれば、「これは自分にとって重要だから真剣に取り組む、でもこれは重要じゃないからスルーする」といった判断が容易になります。

これは人それぞれ違いますが、この**価値判断基準の軸がしっかりすればするほど、迷う場面が減り、不安になる場面も減ります。**

そして自分の価値判断基準だけではなく、他者のそれも取り入れていくことです。他者の人格パターンや行動パターンの蓄積が増えれば増えるほど他者への想像力が豊かになり、自分とは違う人に遭遇しても、適切に対処できるようになります。

家族の考え方や行動原理は何か？　あの上司は？　あの社長は？　総理大臣や大統領は？　あの国の人は？　あの宗教の人は？　自分と価値観も性格も考え方も興味も欲求もまったく違う他人のパターンを数多く理解できれば、他人との無用なトラブルを避けられますし、他人への許容力となり人間関係のストレスを減らしてくれます。

これら知識と教養という2つが組み合わされれば、目の前で起こった問題や迷った課題に対しても、それらを解決し乗り越えるアイデアが出てきます。前述のとおり、アイデアが豊富な人は悩まないとはそういうことでもあるのです。

◉読書するときは著者と「知的格闘」をする

教養というと純文学や芸術、歴史などを思い浮かべるかもしれませんが、好きな人はともかく、あまり面白くないですよね。

そこで手軽にできる方法は、**自分が興味のある分野（そのなかでも、エッセイや自**

己啓発書など、著者の価値観や主義主張が色濃く出ている本）で、自分とは違う主義主張をしている本を読み、著者と「知的格闘」をすることです。

ただ読んで「フンフン」とうなずくだけでは、著者の思考をなぞっているだけで教養にはなりません。古典を読んで「そうなんだ」と知るだけでもやはり教養にはならない。

先ほど教養とは「物事の見方・価値判断基準」だと述べたとおり、多様な視点の形成につながらなければ意味がないのです。

格闘とは、「この著者はなぜこういうことを言うのか？」「どういうロジックでそのような主張が出てくるのか？」「著者はそう言うけど、自分はこう思う。その理由はこうである」と、著者の主義主張を疑い、自分の主義主張とぶつけていくことです。

もちろん純文学や歴史、古典を否定するわけでなく、それが文学であっても小説であっても、「なぜこの人物はこういうセリフを言ったのか？」「もし自分ならどういう行動をとるだろうか？」を考えながら読む。

古典であれば、「この教えは自分の生活・仕事・人生のどの場面において適用できるか」「自分はこの教えを適切な場で適切に実践してきただろうか」を考えながら読む。

歴史であれば、「このときのリーダーや登場人物は、何と何を天秤にかけ、何を優先してそう決断したのか」「もし自分がこの人物なら、どう判断しただろうか、それはなぜか」を考えながら読む。

その**「知的格闘」の積み重ねが多種多様な価値判断基準の形成と理解につながり、教養として自分に自由をもたらす強みになります。**

◉現実を直視すれば対処法が見えてくる

リベラルアーツを学ぶことによって多様な視点を身につけると、ある事象や状況に直面したとき、偏らず率直に見ることができ、予測する力も高まります。

ちょっと自慢話を紹介します。

2020年にパンデミックとなり世界中で猛威を振るった新型コロナウイルス。

中国の武漢で感染者が急増し始め2020年1月21日に、私はツイッターで「すでにヒト‐ヒト感染が起こっている。これから春節を迎えて中国人が移動し、感染は拡大する」とアウトブレイクしたことをツイートしました。そして「人混みは避けます」

と宣言してすぐ自主隔離に入り、不特定多数の人との接触を断ちました。

その当時、中国当局は「ヒトからヒトへの感染は認められない」と言っていましたが、この患者の増加率は尋常ではないと私は感じました。さらにWHOも「渡航制限などは必要ない」という声明を出していましたが、これは明らかに現実を直視できていないと思いました。

予測はビンゴで、その後のパニックは読者のみなさまもご存知のとおりです。

自画自賛ですみません。

しかし、**多様な視点と知識を持てば「こういうこともありうる」と現実（事実）を素直に直視して受け入れることができ、予測力も高まる**という例です。

知識と教養が少なければ、物事を認識するパターンも少ないため、自分のバイアスに引きずられやすくなります。

「そうあってほしい」「そうであってほしくない」という願望に支配され、現実を歪めて認識することになります。現実を直視できなければ適切に対処できませんから、悩みや不安が消えることはありません。

また、社会で起こることの因果や相関といった構造の知識が少なければ、自分の判断や言動の結果、何が起こるか。あるいは、世のなかの変化や事象、他人の言動が、どう自分に影響するかも想像できません。

すると、準備や対処が遅れる、あるいは不適切な対応となり、巻き込まれて不利な状況に陥る。行き当たりばったりの人生になりやすく、様々な局面で貧乏くじを引きやすくなります。

知識と教養があれば、仮にそれが見たくない現実であっても、真正面から見据え、それが自分が直面している現実であると受け入れられます。

そして、「きっと自分にこういう影響を及ぼすだろう」「だからこうしよう」と対処法が見えてくる。それが、悩みや不安の解決につながるのです。

第2章

性格

06

「自分の性格」に悩むのをやめる

やめられない人　いつもクヨクヨ悩んでしまう。

やめられた人　新たに学習して幸福をつかめる。

性格

◉なぜ性格の違いは生まれるのか？

なぜ、いつも楽しく生きている人と、いつもクヨクヨ悩んでいる人がいるのか。自由を謳歌している人と、がんじがらめになっている人がいるのか。「性格の違い」と言えばそれまでですが、ではなぜその違いが生まれるのでしょうか。

性格は、生まれ持って備わった「気質」と、環境・経験から獲得・形成される「思考特性」と「行動特性」が合わさったものです。

私たちは幼少期から、親や先生からほめられたり叱られたり、友達と遊んだりケンカしたりしながら、「これはよいこと、これは悪いこと」「こうすればほめてもらえる、これは受け入れてもらえない」などと学んでいきます。

そして現在に至るまで、自分が接してきた人や環境から影響を受け、自分が直面した状況を自分なりに処理し、成功したり失敗したり、満足したり落胆したり、喜んだり悲しんだりする過程で、「この対応は適切だ、これは不適切だ」などと処世術を身につけます。

同時に、読んだ本、話を聞いた人、観たテレビ番組や映画、電車広告や友人知人から聞いた情報などを知識として取り込みます。その情報の取捨選別も、もともとの気質や処世術などの影響を受けます。

それら経験と情報を取り込みながら、「自分」をつくっていきます。

つまり、**性格とは、自身が生き抜くために構築してきた鎧であり、「これが自分にとっての適切な方法だ」という、その人にとっての「生存戦略」そのもの**です。

◉性格は学習により上書きできる

この性格は3つの層から成り立っていて、第一層は生まれながらの「気質（資質や素質も含む）」、第二層は「自己肯定感や自尊心」、第三層は「信念」です。

第一層の**「気質」は、性格を形成する核となるもの**です。

たとえば同じ親の元で育っているきょうだいでも、ひとり黙々と遊ぶ子もいれば、誰かにつきまとって一緒に遊ぼうとする子もいるなど、生まれつきの違いがあります。

なので、子どものころから内向的とか外向的というのは、誰から教わることもなく表出しているわけですから、これは生来的な気質であり、変えることはできません。

しかし、もし成長途中でそれが変わったとしたら、なんらかの出来事や体験がきっかけになったと考えられます。それが第二層と第三層です。

第二層は、第一層の外側にあり、**「自己肯定感や自尊心」といった性格の土台となる基本骨格**です。これは家族など養育者との交わりのなかで形成されます。

たとえば、「自分は自分で大丈夫」という自己肯定感、「自分は他者に貢献できる人間である」という自己有能感、自分を大切にする自己愛や、「自分はこういう人間である」というアイデンティティといった、自分自身と外界に対する信頼感を獲得できるかは、幼少期の家庭環境に非常に大きな影響を受けます。

たとえば虐待を受けて育った子どもは、自分が安心できる場所が確保できない不安感にさらされ続け、人との適切な距離感や信頼関係を育めません。そのため再び自分の子に虐待するという負の連鎖が繰り返されることはよく知られています。

虐待まではなくても、高圧的な親に押さえつけられて育った子、子に無関心な親で十分な愛情を受けずに育った子、親の過保護・過干渉により、つねに親の顔色をうかがいながら育った子、誰かと比較されて優劣をつけられたり、「○○してくれたらほめてあげる」などと条件付きの愛情しかもらえなかったりした子なども、自己肯定感が低くなりがちです。

そのため、周囲から嫌われないよう、自分を押し殺しては他人に迎合したり、自分の評価が下がらないように自慢やマウンティングをしたり、「自分にはムリ」と最初から尻込みしてしまう傾向が強くなります。

さらに、満たされなかった自己愛が、高すぎるプライドとして表出します。「自分から頭を下げるなんてプライドが許さない」といったものもそれで、小さなプライドが邪魔してチャンスを逃す人は少なくありません。

第三層は、**行動原理となる「信念」**です。

私たちは、家庭、学校、対人関係での経験や環境・状況などを通じ、「これをしてはいけない」「これをしなければならない」「これが正しい」「これは間違っている」といったことを知ります。

あるいは、「こうすればうまくいく、こうしたらうまくいかない」「これは自分にとって有利、こちらは不利」「これは意味がある、これは意味がない」などと学習します。それら経験と学習を通じ、自分の考え方を軌道修正し、社会に適応していきます。

これはある環境では自分に有利に働く一方、ときに先入観や固定観念となり、自分を縛ったり苦しめたりすることもあります。たとえば、「金儲けは悪」「友達は多いほうがいい」といった刷り込みや、「母親はこうあるべき、子育てはこうあるべき、男はこうあるべき」といった根拠のない「べき論」を自分や周囲に押しつける人は少なくありません。ネット上で起こるいわゆる「炎上」は、たいていこのケースです。

ただし、こうした考え方やものの見方は、学習して獲得したものなので、新たな学習を通じて上書きできます。

当然ながら、環境も人間関係も自分の能力も変わりますから、**自分に合わなくなった考え方やものの見方を捨てたり変えたり、新しい考え方やものの見方を取り入れたりするのは自然なこと**です。それが「知性」であり、成熟した大人の本来の姿でしょう。

しかし、いったん獲得した考え方やものの見方を、何年も何十年も変えられない人がいます。むしろほとんどの人が変えられないわけで、この「学習能力」の差が、幸福をつかめるかどうかを分かちます。

つまり、**悩みを解消すること、そもそも悩まないこと、さらには精神の自由を獲得するには、自分の成長の過程で身につけた偏見や思い込みを自ら脱ぎ去り、新しい学習で上書きする技術を身につける必要がある**のです。

07

「マイナス思考」で悩むのをやめる

やめられない人

「リスク・欠点」を恐れて行動できない。

やめられた人

「危機察知能力の高さ」を活かして行動できる。

◉リスクを回避・低減する「打ち手」を考える

内向的な人に多いのが、「すぐにマイナス思考・ネガティブ思考をする自分の性格が嫌い」という悩みです。

しかし発想を変えてみると、リスクに対して敏感で、かつ想像力が働くということも言えます。つまり、危機察知能力が人より高いということなので、これ自体が悪いわけではなさそうです。問題があるとしたら、マイナス思考の結果、リスクや欠点ばかりを恐れて行動できずに終わってしまうことだと言えます。

ではなぜそうなってしまうのでしょうか。

ひとつの原因は、思考の掘り下げ方が浅い可能性があります。

というのも、リスクや欠点を見つけたなら、そのリスクを回避もしくは低減する方法を考え周到に準備しておけば行動しやすくなるはずですが、そこまで思考を掘り下げられていないのではないでしょうか。

「それにはこういう課題がある」と想定するならば、その課題を解決する方法をひとつひとつ論理的に考え、「打ち手」を準備しておく。あるいは仮に起こった場合に備え、対処法を用意しておく。そうすれば、行動できない理由もなくなるでしょう。

もちろん、その問題を自分では処理しきれない、受け止めきれない、損害が甚大すぎてリカバーできないことがわかれば、「やらない（行動しない）」という判断にはなると思います。しかし、合理的に考え突き詰めていけば、マイナス思考と行動力と危機回避能力は本来両立するはずです。

◉「役割交代思考」を発動させて想像してみる

もうひとつの原因は、とくに人間関係において「何かあったらそれは自分が悪かったのではないか、自分に問題があるのではないか」などと、自分を卑下する思考のクセがあることが挙げられます。

たとえばあいさつをしたのに無視された、自分は嫌われているんじゃないか、何か気に障ることをしただろうかと悶々とする……。あるいは年賀状を送ったけど返信が来ないので、自分とはもう縁を切りたいということではないかと落胆する、といったことです。

そんなとき、本来なら「さっきはどうしたの？」「何かあったの？」と気軽に聞けばいいのですが、内向的ゆえに聞くことができず、自分で抱え込んでクヨクヨしてしまう。

そこで、そうした締めつけられそうな心の状態を和らげるために、「**役割交代思考**」を発動させてみましょう。

これは**自分が相手の立場になり、その場面で、どういう理由が考えられるかを、たくさん想像してみる方法**です。

たとえば自分があいさつを無視するのはどんなときか。いや、自分は無視はしないはず。ということは、単に気がつかなかったからではないか。あるいは、自分に対してではなく別の人にあいさつをしたと勘違いしたんじゃないか。

それに自分も以前、急に声をかけられびっくりして言葉が出なかったこともあったから、そういう状態だったんじゃないか……。

年賀状を返してこないのも、何か緊急のことがあって忘れたんじゃないか。忙しくて書けずにずるずると日が経過し、送りにくくなったんじゃないか。誰にも送らないと決めたのかもしれない、喪中だったのかもしれない、とか。

そう考えると、人間関係で起こった相手のネガティブな反応の理由は、自分以外にもありえることがわかります。相手には相手の問題や都合があってそういう反応をすることもある、と想像力を働かせてみると、不安も多少なりとも和らぐでしょう。

08

「自信が持てない」と悩むのをやめる

やめられない人

潜在能力を発揮できない。

やめられた人

「小さな挑戦」から始めて、失敗の教訓をつぎに活かせる。

◉自信は「持てるかどうか」ではなく「持つかどうか」

「自信が持てない」とか、「もっと自信が持てればうまくいくのに」と思ったことはあるでしょうか。

とくに自己肯定感が低い人ほどこのような発想に陥りやすいのですが、こういう人は「自信」そのものの意味を見直したほうがすっきりすると思います。

自信とは、「持てるかどうか」という受動的で依存的な対象ではなく、「持つかどうか」というもっと能動的で主体的な対象である、という意味に。

ただし自信には、先ほどの性格のところでも述べたとおり、幼少期に保護者からの適切な養育によって育まれた「自己肯定感や自尊心」にもとづく要素も大きいため、そうでない養育環境にあった場合、「自信を持て！」などと言われてもなかなか難しいものがあります。

たとえば虐待されて育ったとか、「お前はバカだ」「なんでこんなこともできないんだ」「ダメなヤツだ」「どうせ失敗するんだからやめとけ」「お前にはムリ」などと否定され、押さえつけられて育てば、どんなことでも自信など持てないでしょう。

そこで**後天的に自信を取り戻すには、能動的に成功体験・達成体験を積むこと**です。

人は過去の経験から、うまくできたこと、できなかったこと、それによって感じた達成感や挫折感などを蓄積していくなかで、「これはできそう」「これはムリそう」「ちょっとがんばればいけるかも」という判断軸ができてきます。

しかし、その判断軸が育っていないと、何に対しても臆病になってしまうのですが、結局、未知のことや慣れていないものに対峙する経験のなさから来るものです。初めてのことに挑戦して克服した経験が少ないから、よけい不安になる。

だから、**小さくてもいいので、上達するとか、やり遂げるとか、「自分もまあまあやるじゃん」「やり切ったぞー！」と思えるような成功体験を積み上げる**ことです。

◉小さな失敗を乗り越えていく経験を重ねる

もうひとつ自信を持つのを妨げる要因は、うまくいかなかったことに対する傷つきやすさです。傷つきやすいと、「失敗して笑われたりショックを受けたりして傷つくのが怖い」→「だったら最初からやらないほうがいい」→「経験を積めない」→「ますます挑戦が怖くなっていく」というスパイラルに陥ってしまいます。

しかし、この状態のままでは、どんな潜在能力を持っていても発揮できないまま人生を終えることになりかねません。
仮に**飛び込んで失敗して傷ついても、そこから立ち直ることで耐性ができていく**ものです。「失敗しても大丈夫、なんとかなる、別に死ぬことはない、だからやってみよう」という自信になる。だからこれもやはり、小さなことでもいいので乗り越えていく経験を重ねることです。

私の例で言うと、新聞奨学生をやって大学の学費を工面し、アルバイトをしつつ極貧の学生時代を過ごしました。

「はじめに」でも紹介したとおり、卒業時には就職できずフリーター、初めて就職した会社もミスばかりして1年でクビ。独立してからも会社をいくつもつくってはつぶしてきましたし、従業員の離反や裁判など、人と争う経験もしてきました。

そこまでの体験は難しいと思いますが、そうやって挑戦して失敗し乗り越えていくと、そのときは悲惨だったとしても、たいていのことが「たいしたことない」と思えてきます。

◉ネガティブ思考は現実化する

「思考は現実化する」というナポレオン・ヒルの言葉を聞いたことがある人は多いと思います。

たしかにその側面はあるのですが、実は**ポジティブ思考よりもネガティブ思考のほうが現実化することが多く、本当にネガティブな結果になりやすい**のです。そのため、ネガティブに考える傾向がある人は、意識して矯正を試みる必要があります。

たとえば、「自分にはムリ」と思っていると必要な努力すらしないし、やるときも腰が引けているので問題解決志向にならず、粘り強く続けられません。結果がダメであれば「やっぱりダメだった」と自分を慰めて納得するというサイクルに陥りやすいからです。

すると、「自分にはムリ」という自己暗示がより強固となり、ますますネガティブ思考も強くなります。

そのネガティブさは、ネガティブな自分の関わり方をもたらし、それが現実にネガティブな状況を引き寄せて実現してしまう。つまりネガティブ思考は予言的な思考であるという、恐ろしい思考パターンなのです。

長年かけて培ったその思考のクセを矯正するのは容易ではないのですが、まずは自分が囚われている固定観念や思い込みを認識しなければなりません。

その方法のひとつは、繰り返しになりますが、何か不安や不満、怒りを感じたときに、「自分の考えが間違っているのではないか?」という疑問を持つことです(36ページ参照)。

「自分の考えは正しい」ではなく、「自分の考えは間違っているかもしれない」と立ち止まることが、固定観念を外し、「ああ、自分はこういう思考の偏りがあるなあ」と気づく第一歩です。

09
「完璧でないといけない」と思い込むのをやめる

やめられない人

ミスや失敗を恐れ、行動できない。

やめられた人

他人の目を気にせず、思い切って行動できる。

◉「完璧主義」を捨てれば気がラクになる

前項の続きになりますが、失敗が怖くて挑戦できない人は、「ミスや失敗は許されない」という固定観念が強く、「完璧主義」的な発想をしている傾向があります。あるいは、自信のなさが、「うまくやらないといけない」「失敗してはいけない」という思い込みとなり、行動を躊躇させている場合もあります。

そこで、ここでも「役割交代視点」を発動してみましょう。

たとえばあなたは、仕事などでミスをした他人に対して、「コイツはダメ人間だ」と全否定するでしょうか。プレゼンで言葉に詰まったり噛んだりする人を見て、「使えないヤツ」などと見下すでしょうか。

友人の結婚式で、赤面し汗をかきながらスピーチする人を見て、「あ〜あ、あの人恥ずかしい〜」などとバカにするでしょうか。

そう思う人もいるかもしれませんが、それは敵対する人や嫌いな人に対してであり、ほとんどの場合は「今回は残念だったね」と励ましたり、「緊張してるのね」と同情したりすると思います。

つまり、**あなたが他人の完璧でない姿を見ても許せるように、他人もあなたの完璧でない姿を見て、同じく許せる**（というか、たいして重要視もしていない）ということです。

なので、**もし躊躇するような場面に遭遇したら「もし自分ではなく他人が挑戦して失敗したら、私はその人のことを嘲笑するだろうか」と考えてみる**のです。

すると、ほとんどのことに「そんなことはしないし思いもしない」となるので、少し気がラクになると思います。

◉「恥ずかしい」は自分だけの思い込み

人前に出て「恥ずかしい」、あるいは「失敗したら恥ずかしい」という感情も、自分の思い込みによって自分勝手に発動させている場合がほとんどです。

仕事のプレゼンでは、そもそもあなたの人物評価をしようと注意深く見ているわけでもなく、あなたに特別の興味も持っていないし詳細な観察もしていません。重要なのは内容です。

あなたもそうではないでしょうか？

これはプライベートでのスピーチも同様に、誰か他人と話した内容をそれほど細かく覚えていないことも多いし、他人の何か失敗や欠点を見ても、すぐに忘れているのではないでしょうか？

ということは、他人もそうなのです。

あるいはサッカーの試合を観戦していて、応援していたチームがシュートを外したという場面。その選手は恥ずかしいかもしれませんが、見ているほうは「ああ〜残念！」という感じでしょう。

自分がした発言や行為を恥ずかしいと思っているのは実は自分だけで、他人もそうとは限らない。つまり**他人の解釈の問題であり、自分の問題ではない**わけです。

私たちは恥ずかしさを避けるために生きているわけでもないし、恥ずかしいからといってとくに困ったことが起こるわけではないでしょう。

だからちょっとぐらい失敗したからといって「恥ずかしい」と感じるのは、おおいなる自意識過剰、あるいは勘違い野郎ではないか、くらいに割り切ることです。

◉他人の失敗は「あっそ」「ふーん」で終わる

私は過去、エステサロンを出店しわずか1か月で撤退、会社を閉鎖したことがあります。

私は投資家でもあるのですが、かつて商品先物取引で1300万円くらいの損失を出し、別の金融商品でも900万円損したことがあります。

海外不動産投資でも想定した家賃で入居者が決まらず、家賃よりもローン返済額のほうが大きい逆ザヤ状態で、いまでも毎月資金を補填しています。

こんなふうに失敗の連続ですが、それを読んで「アホなヤツ」「恥ずかしいヤツ」などという感想を持ったでしょうか。そんなこと思わないですよね。むしろ「あっそ」「ふーん」という程度だと思います。

しかし私にとっては、これらの経験があったおかげで引き出しが増え、こうしてたくさんの本を書くだけのネタができたわけです。この失敗から学んだ教訓のおかげで思考力や判断力がつき、いまお金に苦労しない生活を手に入れられたわけです。

このように、**挑戦して失敗し、そこから学ぶことは、成功途上で必要なプロセスで**

あり、失敗を避けることは挑戦しないこと、つまり成功しないことと同義です。

過ちや失敗は、「その方法ではうまくいかないので、アプローチを変えなければならない」とわかること。その試行錯誤を繰り返すことは、より適切な方法、効果がある方法に絞り込んでいくという、きわめて生産的で前向きなプロセスなのです。

だから完璧でないといけないとか、失敗したら笑われるとか、そういった根拠のない思い込みをまずは捨てることです。

10

「ささいなことでイライラする」のをやめる

やめられない人

自分と違う人を許せず、不満や争いが増える。

やめられた人

他人の行動を尊重し、精神的に余裕が生まれる。

◉不倫のニュースを見て怒る人は傲慢《ごうまん》

ささいなことでイライラする人がいます。こういう人は他人や出来事に容易に精神状態を揺さぶられるため、悩みを抱えやすい性格と言えます。

悩まない人になるために心がけたい姿勢のひとつは、他人や物事を自分のモノサシだけで判断しないことです。

それには、**「正しい・間違っている」「道徳的か否か」「モラルに反していないか」などという判断軸で見ない**よう意識することです。なぜなら、それらの判断の根拠は自分固有のものであり、他人もそうとは限らないからです。

たとえば私は他人の不倫にはなんの興味もないですが、世のなかには芸能人や政治家の不倫のニュースを見て怒る人がたくさんいます。

彼らは「不倫をすべきではない」「公人は清廉潔白であるべし」と思っていて、自分の道徳観に合致しない言動をする人に腹が立つのです。

結局彼らは自分の正しさを相手に求めるから、そうでない人に腹が立つわけで、怒りっぽい人は実は傲慢な人間なのです。

同時に、**自分の正義を周囲も実現するべきだという思い込みを捨てる**ことです。正義なんて一人ひとり違いますし、そもそも客観的な正義などありません。ほとんどの場合は「自分にとって都合がいいこと」が正義なのですから。

◉「ウルトラマン」と「バルタン星人」はどちらが正義か？

突然ですが、ウルトラマンとバルタン星人は、どちらが正義でしょうか。

普通の人は「ウルトラマン」と答えると思います。そして、ウルトラマンがバルタン星人を倒すところを見て、「やはり正義は勝つ」と感じるかもしれません。

しかし、この話には裏話があります。

実際の設定ではこうなっています。

故郷のバルタン星を核実験により失ったバルタン星人は、たまたま宇宙旅行中だったことから難を逃れた20億3000万人の仲間と共に、宇宙船で放浪していた。ちなみに彼らは、火星にある架空の物質「スペシウム」を弱点としている。

地球には宇宙船の修理と欠乏した予備パーツの調達のために偶然立ち寄っただけであるが、自分たちが居住できる環境と判明したため、移住をしようとする。

性格

最初は地球の言語を理解できなかったため、仮死状態にしたアラシの体に乗り移ってイデやハヤタと会話し、自分たちの事情を説明した後に地球への移住について交渉した。

最初の攻撃では人間を殺害しておらず、ハヤタから「身体を人間のサイズに小さくし、地球の法律や文化を守るなら移住も不可能ではない」と言われた際には即座に丁寧語で話すなど、当初は地球人を尊重し共存する姿勢も見せていた。

しかしバルタン星人の人口の多さを聞いたイデが難色を示した上に、スペシウムという苦手物質がある火星への移住をハヤタから提案されたことで交渉を打ち切り、移住の強行を宣言。正体を現して巨大化し、侵略破壊活動に移行した。


(wikipediaより抜粋引用加工)


これを読むと、「バルタン星人にはバルタン星人なりの正義があった」ことがわかります。もし自分がバルタン星人だったらどうするか。放浪するバルタン星人を率いるリーダーだったらどうするか。

結局、**客観的な正義などはどこにも存在せず、10人いれば10とおりの正義がある**ということです。バルタン星人の正義とウルトラマンの正義、科学特捜隊の正義もハヤタ・シン隊員の正義も違う。

にもかかわらず、ただ自分の正義と相手の正義をぶつけるだけでは永遠にわかり合うことはできず、最後は戦争です。現実にも、世界はそういう状況になっています。

ここに、**自分の正しさや正義を主張しても、不満や争い以外、何も生み出さない**ことがわかります。

◉他人の事情・行動原理を理解する

夫婦や家族でケンカばかりしてしまうというのもまさにこれで、自分の正しさを証明し、自分の要求どおりに相手を変えようとするから起こります。

自分が考える正しさを、相手が実現しない。それはおかしい。

自分が考える正しさを、相手は実現すべきだ。自分は間違っていない。間違っているのは相手だ。変わらないといけないのは相手のほうだ……。

そうやって**どちらが正しいかを主張し押しつけようとするから腹が立つ**。

たとえばＳＮＳの既読スルーで怒る人がいます。

しかし、すぐ返事する人もいれば、しない人もいて、そのスピード感覚も時間感覚も違います。うっかり忘れていたということもあれば、バタバタしていて返事をする精神的な余裕がないこともあります。返事がしづらい内容だったのかもしれない。

つまり、**他人には他人の事情があり、行動原理がある**のです。

それなのに自分が一方的に考える自分の正しさを相手が実現しないからといって相手を責めても、それはケンカになるだけ。

家族や恋人のケンカでも、「なんで○○しないの⁉」「どうして△△するの⁉」と理由を問うような会話はよく聞かれます。ですが相手は責められているとしか感じず、これでは解決にはなりません。


そこで**イラっとしたら、怒る前にまずは自分が考える正しさと、その理由を説明し、「お願い」という形で伝える**ことです。**同時に、それに対して相手が考える正しさと、その理由を聞く**必要があります。

「自分はあなたにこうしてもらえるとうれしい。その理由はこれこれこうである」。そして相手からも「自分は自分でこうしたいと思っている。その理由はこれこれこうである」と。

そこでお互いの主義主張をすり合わせ、「ではここはこう、そこはそうしよう」と着地することができます。それでどちらかがその取り決めを守らなければ、それはその人に非があるということで、そのとき初めて怒ればよいでしょう。

もちろん、それでも「何度も同じことを言わせるな」ということでよけいに怒りが増すこともありますが、「それは双方にとって合理的な約束か」「それは双方のハッピーにつながる約束か」が担保されていれば、相手のほうも徐々に変わっていく可能性は高いと思います。

◉判断軸を「世間的な正しさ」から「影響」「メリット」「楽しさ」へ

ここで重要なのは、出来事や他人をどういう軸で見るかです。すぐにイライラする人は、前述のとおり「正しいか否か」「善か悪か」という軸で見ています。

そこで、その軸を意識して変えることです。

ちょっと極端かもしれませんが、私の軸をご紹介します。

私は、**出来事を「自分に影響するか」「自分にメリットがあるか」という軸で判断する**ようにしています。ニュースなどの情報も同じです。

前述の著名人の不倫に関して言うと、自分に影響はないしメリットもありませんから、完全スルーです。

一方、法改正などは自分に影響しますから、その手の情報はかなり細かくチェックします。

また、事件や事故のニュースもチェックします。直接は影響なくても、「もし自分がその場面に遭遇したらどうするか？」を考えておけば、同じような状況に陥らないように対策が打てるからです。


人間関係については、さらに加えて「楽しいかどうか」という軸で見ています。

自分にとって不愉快な人間とは距離を置き、一緒にいて楽しい人との関係を大事にする。自分の参考になる言動をする人、自分にメリットをもたらしてくれる人との関係を大事にする。

もちろん、職場や親戚など、そう簡単に距離を置けない人間関係もあるとは思いますが、そういう軸を持つだけでもイライラする場面は減ると思います。

11 「後悔する」のをやめる

やめられない人

過去の出来事や判断を後悔し、
時間を無駄にしてしまう。

やめられた人

都合よく解釈して教訓を得て、
前向きに歩ける。

◉過去を都合よく解釈して教訓を見つける

後悔は誰もしたくないものです。それを防ぐには、当然ながら「自分で納得した判断・選択をする」ことであり、それには「その判断・選択を支える根拠を強く持つ」ことが必要です。

とはいえ、未知の状況での判断には根拠が不十分なことが多いですし、結果として後悔してしまうことは誰にでもあるでしょう。それはそれで仕方のないことです。

しかし、過去の選択を後悔し嘆き続けるとしたら、それはもったいない。過去の事実そのものは変えられないので悩むだけ無駄だからです。

と言うと、「そんなのわかってるよ！」「それができれば苦労はないよ！」などとなってしまうのですが、ここで重要なのは、過去の意味合いを変えることです。

過去の過ちであっても、それを前向きな意味に変換できれば、それは自分にとって正しい過去になるからです。つまり、**過去の出来事や判断を「事後的に正解にできる力」を獲得する**ことです。

もちろん、「都合のいい解釈」と言われればそのとおりなのですが、それでも**「教訓」に変換できれば、少なくとも過去の失敗を思い出すたびに嘆くといった場面は減る**でしょう。

たとえば絶望的な失恋も、「ほかのもっとすばらしい異性と出会うため」と変換できますし、第一志望の大学に受からなくても、「自分はあそこではなくここで勉強しろということだ。学校名より何を学ぶかが大事だし」と変換できます。

◉事後的に正解にできる力

私の例では、かつて税務調査が入り、多額の追徴を課されたことがあります。

とくに自営業でありがちですが、事業との関連性が低いグレーな支出まで経費に算入して利益を抑え、税額を低く抑える人は少なくありません。もちろん意図的な行為は脱税に当たりますが、「え、これ経費にできないの?」などといった「見解の相違」はよくあることです。

それで私も「これは事業に間接的に役立ってるな」と勝手に解釈して経費に入れていたものがかなり否認されました。

さらにＦＸ（外国為替証拠金取引）で出た利益の計上漏れも指摘されました。途中で別のＦＸ会社に乗り換えたのですが、元のＦＸ会社が他社に吸収されて名前が変わっていて忘れていたのです。

それで損益トントンだった私の確定申告書は、修正申告によって3年連続の大幅な黒字となり、多額の追徴税＋延滞税＋過少申告加算税を課されたというわけです。

これは経験した人でないとわからないかもしれませんが、かなりのショックでした。しかし、そこでハタと気がつきました。「こんなに決算の数値が優良なら、住宅ローンの審査も通るのでは？」

損益がトントンだと、金融機関からは「生活だけで精一杯なのでは？」と思われ、住宅ローンの審査が通りにくくなります。実際、その2年ほど前に、ある戸建ての住宅ローンを申し込んだことがあるのですが、わずか３０００万円弱の金額でもローンは通りませんでした。

なので、ずっと賃貸マンションに住むのだろうと漠然と考えており、そのときも都内で家賃15万円の賃貸マンションに住んでいました。

そこで改めて銀行に打診してみたところ、なんと1億円までの融資が可能という！それで建てたのが現在住んでいる賃貸併用住宅で、賃貸部分から入ってくる賃料収入で住宅ローンの返済が全額賄《まかな》えています。

つまり、**「この苦境を何かメリットに転換できないか」と考え行動した**のです。その結果、「あのとき税務調査が入ったからこそ、こうしてローンの負担がない持ち家を買えた」わけで、事後的には正解の出来事になったのです。

私はあまり悩まない性格なので、それ以外にも公認会計士試験に失敗し、再受験をあきらめたこと、大学卒業時に就職が決まらなかったこと、最初の勤務先からクビ同然で逃げ出したこと、会社をつぶしたことなどもあまりクヨクヨすることはありませんでした（もちろんそのときはヘコんで落ち込みます）。

それはやはりこの「事後的に正解にできる力」を持っているからだと思います。「おかげで米国公認会計士に合格できた」「おかげで外資コンサルファームに転職できた」「おかげで自由なひとり会社が実現できた」というわけです。

私の例は特殊かもしれませんが、**あとで軌道修正して「結局は正しかったんだ」と捉え直す「事後的に正解にできる力」を持つことは、後悔を減らし前を向いて歩くための、必須の力**ではないでしょうか。

第3章

劣等感

12 「自分のスペック」を嘆くのをやめる

やめられない人

いつまで経っても、「いい仕事」に就けない。

やめられた人

自分の「力」を見直し、
お金と自由を手に入れられる。

◉「専門性絶対主義」を捨てる

「自分にはなんの特技も強みもないですから」と自分のスペックを嘆く人は少なくありません。でも、これは望ましいポジションや収入を得られないときの言い訳です。

「なんの特技もないから、いい条件の会社に入れない」「なんの資格もないから、ステップアップできない」「なんの強みも専門性もないから、収入のいい仕事に就けない」と言う人に聞きたい「問い」が4つあります。

最初の問いは、**「いい仕事に就くのに、特技や専門性や強みは本当に必要？」**です。

たとえば、勤務先の会社の上司や同僚を見渡してみるとどうでしょうか。

たしかに「まじめ、明るい、仕事が速い、社内人脈が広い」といった長所はあるかもしれない。けれども、特技、専門性、強みと言えるほどのものかというと、そこまでではないきわめて平凡な人がほとんどではないでしょうか。

あるいは、その上の部長、役員、社長を振り返ってみるとどうか。仕事はできるけれどもそれは専門性ではなく、「長年やっている」だけで「ただのオッサン」と思える人が多い気がしませんか？

もちろん、専門性や公的資格が求められる仕事もあります。

たとえば研究開発分野などでは高い専門性が要求され、それらの仕事の待遇は比較的よい傾向があります。

しかし、そうした**高度に専門性が必要な職種はほんのひと握りで、ほとんどの仕事は慣れと経験で習得できるもの**です。実際あなたの上司も、新卒で入ってほぼまっさらな状態からその地位まで来ているはずです。それに、専門性が高いとされる歯科医師（勤務医）でさえ平均年収６２１万円（平成29年医療経済実態調査　厚生労働省）ですし、弁護士でも競争激化で年収５００万円に満たない人も増えています。

つまり、**資格や専門性があるからいい仕事に就けるとは限らない**のです（もちろん確率は上がりますが）。

自分のスペックを嘆く人の心理的背景にあるのは、「特技があればいい仕事に就けるはず」という思い込みと、「いまの自分にはたまたま何もないからいまの状態に甘んじている」という現状肯定のあきらめと、「自分だって資格を取ればいい仕事に就けるんだ」という強がりでしょう。

これは努力しないのにプライドが高い人によく見られる思考パターンで、「自分がダメなのはたまたま資格や専門性を持っていないというだけで、別に自分が能無しだからではない」と思いたいのです。

だから、いったんそういう思い込みとプライドを認識し、**「専門性絶対主義」を捨てる**必要があります。

◉「いい仕事」というムシのいい発想

つぎの問いは、**「いい仕事ってそもそも何？」**です。

「いい仕事」の条件のひとつは収入だと思います。でも、本当にそうでしょうか？


ちょっと極端な例ですが、私の知人は電気工事士の資格を持つ街の電気屋さんです。夏は月商300万円も稼ぐ猛者で、年収2000万円です。

では、真夏の猛暑下に汗だくになりながら顧客の家でエアコン取付をやっている彼の姿を見て、自分もやりたいと思えるでしょうか（私には思えません。ゴメンナサイ）。

別の知人が営む自動車整備工場は年商1億円です（もちろん彼は自動車整備士の資格を持っている）。そこを訪れて油まみれになって作業している彼を見て「給料がいいなら自分もやりたい」と思えるでしょうか（私には思えません。ゴメンナサイ）。

あるいは、**「いい仕事＝華やかな仕事」と考える人もいるかもしれませんが、本当にそうでしょうか？**

たとえば、ウェディングプランを提案するブライダルコーディネーターの仕事があります。華やかそうに見えますが、エステや美容業界と同じく、ブライダル業界も体育会系猛烈営業の世界です。

上司からはつねにきついプレッシャーをかけられるため、ウェディング案件だけでなく追加オプションの獲得も必要です。それでウツ同然になって辞めていく人も少なくない、人の出入りが激しい業界です。

当然、残業も多い仕事です。私も自分の結婚式の打ち合わせのとき、担当者がひっきりなしに事務所に確認に行き、ときには涙目になって戻ってきたり、メールの送信時刻（もちろん深夜）を見たりして、この業界の過酷さを垣間見ました。

一見華やかそうに見える仕事の「裏側」を知ってもやりたいと思えるでしょうか？

「『いい仕事に就けない』と嘆く人が言う『いい仕事』ってそもそもどんな仕事？」を問うと、たいてい、「土日は休みで有休も取れるし残業も少ない。仕事はそんなにハードじゃない。もちろん外回りや汚れ仕事はイヤ。でも年収が高い。福利厚生もちゃんとある」という仕事だそうです。「大丈夫か？」と思えてこないでしょうか。

◉何年前から愚痴ってますか?

つぎの問いは、**「そのセリフ、何年前から言ってるの？」**です。

たとえば、ビジネススクールでＭＢＡを取得するのにかかる期間は2年、ほかの公的資格も、真剣にやればほぼ2～3年で取得できるはずです。それなのに、なんでまだそんなことを言っているのかと疑問に思います。

これもやはり前述のとおり「自分のせいじゃない。悪いのはたまたま資格や専門性を持っていないからだ」と思いたいのでしょう。同時に、努力はイヤだから「自分はまだ本気を出していないだけ」と思いたい心理も透けて見えます。

特技や専門性がないなら、いまからつくればいいのです。公的な職業訓練制度も充実しているので、格安の費用で専門的な技能を獲得できます。

検索して調べればわかりますが、雇用保険に加入している人なら、普通なら数十万円はしそうな半年間の通学講座なのに、ほぼテキスト代だけの1万～2万円の負担で受けられるコースが豊富にラインナップされています。

◉本当に何もないの？

最後の問いは、**「本当に自分には何もないのか？」**です。

たとえば私の例で恐縮ですが、米国公認会計士（ＣＰＡ）には受かりましたが、これは日本国内では認められていない資格なので、外資系企業などでなければ意味がありません。私が就職したのは日本の会計事務所ですから、まったく関係ない。

つぎに転職したコンビニエンスストア本部では店長を経験しましたが、高校生のバイトでもできるし外国人でもできる仕事です。

そのあと転職したのが外資コンサル。ここでは論理的思考力やコミュニケーション力が問われ、専門知識や資格はほぼ通用しない世界です。

独立起業して私が始めた仕事は、個人的な趣味の資産運用に過ぎなかった不動産投資でした。趣味で起業し、趣味レベルでも成り立ったのです。

現在の私は、こうして本を書く仕事をしていますが、文章の訓練など受けたこともなく、起業直前にこれまた趣味で始めたメルマガが書く力の出発点です。

そして本書および過去のシリーズ（『捨てるべき40の「悪い」習慣』『「いい人」を

やめれば人生はうまくいく』『孤独をたのしむ力』）は人の心の問題を扱っていますが、私は心理学者でもなければ精神科医でもありません。趣味で始めたに過ぎない文章力、門外漢でも自分の観察力と分析力がベースとなっているだけです。

このように、私こそ誇れるようなものは何も持っていないわけですが、人並み以上の自由とお金を手にしています。

心理学者のアルフレッド・アドラーが「人は何を持っているのかが問題なのではなく、持っているものをどう使うかが問題なのだ」と言ったように、何も持っていないように見える人でも、実は持っているものがあり、あとはそれをどういう方面でどういう形で活かすかの問題に過ぎないのです。

しかし多くの人は、それらを考えたり試行錯誤したりするのが面倒なだけ。

嘆くのはいろいろ試してからにして、まずは行動量を増やすことです。

13

「学歴」で悩むのをやめる

やめられない人

「人間としての価値が低い」と、引け目を感じ続ける。

やめられた人

才能を発揮する領域で、価値の高い成果を生み出せる。

◉「学歴」＝「人間としての価値」ではない

かつて大卒が珍しかった昭和の時代、自分が高卒であることにコンプレックスを持っている人は少なくなかったそうです。

しかし、大学進学率が上がり、大卒がわりと普通となった昨今では、今度は「Fラン大学」（ABCDEFといった入試難易度ランキングの後ろのほう）などといった感じで、学校のレベルが低いことにコンプレックスを感じている人もいるようです。

コンプレックスは相対的なものですから、Fランクのみならず、BランクはBランクでAランクに引け目を感じるというように、より上のランクに対して、コンプレックスを感じるのでしょう。

もちろん、新卒の就職時に不利になりやすいとか、合コンなどで大学名を言ったとたんに（とくに女性側から）引かれるとか、紹介されるときに「○○大学をご卒業され……」という場面でザワつかれるとか、たしかにコンプレックスを抱きやすい要素はあります。

それもあるのか、より知名度や難易度の高い大学院に入り直して最終学歴を書き換える「学歴ロンダリング」をする人もいます。

ではなぜ低ランク大学だと恥ずかしいのかというと、「勉強ができない＝人間としての価値が低い」という発想があるのだと思います。

◉学校のレベルで人を判断するのはナンセンス

しかし冷静に考えれば、大学のレベルは、18歳の春の時点での「学力診断」に過ぎません。

つまり、**大学入試の結果は単に18歳（現役の場合）までに積み上げた机上の学習の成果であり、19年目以降～１００年目までに積み上げられる分厚さとは比べ物にならない**ことを、まずは認識する必要があります。

思考力や抽象化能力がつたない10代で獲得できる能力、発揮できる能力は、一部の天才プレーヤーや天才学生を除き、それほど多くありません。

しかし**社会に出てからは、できることの幅と深さが段違いに拡大します。**

旅客機、新幹線、高速道路、石油化学プラントなどをつくっているのは20代～60代の大人ですが、天才ではない普通の人たちが大半でしょう。

会社、とくに中小企業の経営者の多くは50代〜70代で（東京商工リサーチによる2018年全国の社長の平均年齢は61・7歳）、学歴よりも売り上げてナンボの世界。18歳までにやってきたことという、ちっぽけな遺産にこだわっている場合ではないとわかると思います。

それに先ほど「学力診断」と表現したとおり、人間の能力はほかにもリーダーシップや創造力などといった、テストでは測れないものもたくさんある。それこそ人間の幸福に大きな影響を与える、思いやりや愛情表現といった他人・異性との関係づくりなどもそうでしょう。

それぐらい、**成人してから何を成し遂げるかのほうがはるかに重要なのに、人の評価を学校のレベルで計測するのはナンセンス**です。

◉自分はどの領域で才能を発揮すべきなのか？

学歴コンプレックスから脱却するひとつの方法は、自分が才能を発揮すべきなのはどこか、なるべく早いタイミングで特定することです。

もちろん途中で変わっても複数あっても全然問題ないのですが、つねに「自分の価値を発揮するのはこの分野だ」という軸を持っておきたいものです。

たとえば漫画家で、どこの美術学校や専門学校出身かなどとアピールする人はいないでしょう。

読者も、たとえば人気漫画『ONE PIECE』の作者である尾田栄一郎氏の出身校を気にしてコミックを買う買わないを判断する人は、まずいないと思います。

漫画家が評価される軸は「自分が描く漫画が面白いかどうか（つまり売れるかどうか）」であり、売れていないのに「オレは東京芸大出身だ」などと自慢しても失笑を買うだけでしょう。

一方、売れない音楽家は、東京芸大を頂点として○○音大、△△音大などといったヒエラルキーで計測したり、「誰それに師事してきたか」を訴求する傾向があるそうです。売れれば関係ないのに、いや売れないからこそ、そうしないと自尊心を保てないのかもしれません。

強い格闘家がふだんは優しく温和なのも、リングの上での強さに価値を置いており、日常生活のなかで強さを誇示する必要を感じないからです。芸人や料理人などもそうですよね。

どんな価値を創出するかは学歴に依存しないですし、価値あるアウトプットができれば誰も気にしないわけです。

つまり、自分が才能を発揮する場所をなるべく早い段階で特定すると、学歴以外の基準が重要であることがわかり、学歴コンプレックスも解消されるというものです。

14

「容姿コンプレックス」で悩むのをやめる

やめられない人

他人と比べて自信を持てない。

やめられた人

人の魅力も自分の魅力も
多面的に評価できる。

◉容姿を比べるのは「他人を評価する指標」が少ないから

自分の容姿が他人より劣っていることを悩んでいる人がいます。あるいは、背が低い、太っているなどの理由で、積極的になれないとか、自分に自信が持てない人がいます。

これは多感な10代～20代前半くらいまでであれば、多かれ少なかれやむをえないことです。この年齢では対人関係での経験が浅く、他人を評価する指標が少ないからです。

そのため、外見やテストの成績、運動能力といった、他人と比較して優劣がわかりやすい項目でしか人を判断できません。

だから、本人も他人と比べてコンプレックスを感じやすい。あるいは過剰に容姿にこだわってしまう傾向があります。私自身も中学生のころ、顔中ニキビだらけな自分の顔が恥ずかしくて悩んだことがあります。

しかし、大人になって経験を積むと、**人の魅力はもっと多面的**であることがわかります。

たとえば、優しさや頼もしさに加え、重要な局面で逃げずに決断できる力、思いやりのある言葉を発せられる気配り、ちょっとしたことでカッとならない余裕など、成熟した大人としての振る舞いが重視されるようになります。

どんなにイケメンでも、30歳にもなって「てゆーかさあ〜、なんかやばくね〜？」などの言葉が出てくるような薄っぺらい（ように見える）人は、まともな異性からは敬遠されるでしょう。

つまり、見た目を過剰に気にする人は、評価軸が10代の幼いころのままバージョンアップしていない可能性があるわけです。**容姿は人間を評価する指標のひとつに過ぎず、人間の評価軸はもっと複雑で重層的**であることに気づく必要があります。

私がそれに気づいたのは、大学時代です。

年下のアルバイト仲間の女性に告白されて付き合うことになり、あるとき「ほかにもイケメンとかいるのに、どうして？」と聞いたことがあります。

すると「午堂さんて話し方が優しいんです」と言われてうれしかったのを覚えています。ノロケ話ですみません。

それ以来、自分の容姿のことは気にならなくなりました。出っ歯なので歯列矯正しようか迷ったこともありますが、吹っ切れてやめました。

女性に好かれるために本質的に重要なことは、相手に対する思いやりや共感する力だと理解したからです（伏線として、前に失恋した際に漫画『シティーハンター』全巻を読み、主人公の冴羽獠《さえばりょう》を見て数々の女性に好かれる男性のイメージがあったため、腑に落ちたのです）。

このことに、早いタイミングで気づいてよかったです。

◉見た目に執着すれば視野がせばまる

とはいえ理屈だけで納得するのは難しいかもしれません。そこで、週末に大きな街の駅前のカフェに入り、外を歩くカップルを観察してみてはいかがでしょうか。

するとすぐに気づきます。なんでこんなブサメンに恋人がいるのかと。あるいはハゲデブなのに奥さんと子どももいる。女性のほうが背の高いカップルが腕を組んで歩いている。なんでこんな冴えない印象の子がイケメンと一緒なのか。

容姿がイマイチでも結婚している人がいる理由を考えてみれば、**結局容姿は絶対条件ではない**とわかります。

にもかかわらずなぜ見た目にこだわるか。それは、容姿が唯一の評価軸だと執着するあまり、ほかの評価軸が見えなくなっているからです。執着すればするほど「これしかない」と視野がせまくなってしまいます。

女性の場合はちょっと違うところもありますが、とくに男性の場合、モテない人はやせてもモテないし、モテる人は太っていてもモテます。

自分がモテない理由は、実は太っているからではないというのが見えていないのです（やせてモテるようになった人は、自信を持てるようになったとか、ほかの原因があるはずです）。

なのに視野がせばまっているから、「やせさえすればモテるはず」などという、どう考えてもムリがある発想に陥ってしまうのです。

これは女性に見られる「年をとりたくない・若くありたい」という願望も似た構図です。

「若さ」に評価軸を置くと、「若いのが善、老けるのは悪」という発想になります。すると女性として備わっているべき内面の魅力で、ほかに自分が磨くべき点があっても気がつかない。だから見た目に過剰にこだわる女性ほど薄っぺらく見えやすいのです。

劣等感

イケメンなのに軽薄そうに見える男性が多い理由も、なまじっかモテるために、ほかの部分の努力をする必要に迫られてこなかったからではないでしょうか。

だからというわけではありませんが、私がおすすめするのは**年齢に抗うアンチエイジングではなく、「ああいう歳のとり方をしたいよね」と言われるような「グッドエイジング」**を目指すことです。

15

「嫉妬」で悩むのをやめる

やめられない人

自分を苦しめ、周囲と軋轢《あつれき》を起こしてしまう。

やめられた人

自己評価を修正し、できることに集中できる。

◉嫉妬心の強い人は自己愛も強い

嫉妬心の強い人は、自己愛が強い人でもあります。自己愛とは、自分を大事にしたり自分を認めたりする感覚です。

もちろん誰でも自己愛は持っているもので、それが自己肯定感や自己有能感、自尊心につながりますから、これ自体は不可欠です。

しかし強すぎる自己愛は、強い承認欲求や強い自己顕示欲につながり、ひいては強い嫉妬をもたらします。そのために自分を苦しめたり、周囲と軋轢を起こしたりしてしまうというデメリットがあります。

強い自己愛を持つ人は自己評価が高すぎるあまり、周囲からの評価や扱いに不満を持ち、過剰に自分を大きく見せようと演出します。

自分はもっと評価されるべきだ、周囲はもっと自分を大切に扱うべきだ、自分は一流エリートのはずだ、自分は幸せなはずだ……などと自分を過大評価しているわけですが、現実はそうではないので不満を感じます。

しかし、自己評価を下げるのはプライドが許さない。自分は能無しではないと自分に言い聞かせたい、周囲にアピールしたい、確認して安心したい、認められたい、という感情が、他人に対する嫉妬を強め、嫌みや押しつけ、マウンティングという行為になるのです。

あるいは、高い理想のイメージにこだわりすぎるあまり、それに程遠い自分に嫌気がさして「どうせ自分なんて」と卑屈になる人。

ほかにも「自分はまだ本気になっていないだけ」「自分だってやればできるけどね」「興味ないね」などと最初から努力を避ける人。

こうした人たちは、自信はないけどプライドだけが高い。努力はしたくないけど見下されたくない。本当はあきらめているけれどバカにされたくない。自分が思っているほど能力はないのに、周囲から低く見られることには耐えられないのです。

嫉妬に支配されやすい人は、努力はしたくないが自己評価も下げられないという人で、だから永遠に自己評価と他者評価は乖離《かいり》したまま、ゆえにうまくいって称賛される人を見ては嫉妬を繰り返します。

普通の人は現実と向き合いながら、自己愛的イメージ、つまり自分に対する要求水準や評価を少しずつ修正することで自分を納得させます。

しかしそれができないと、いろいろ苦しい思いをするのです。

◉自己評価を軌道修正して嫉妬から脱却する

私自身もかつては「自分は有能な経営者のはずだ」という**セルフイメージと現実とのギャップ**に苦しみました。

「自分はこんなにがんばっているのに、なんで従業員はわかってくれないんだ」「こんなによくしてやっているのに、なんで不平不満ばかり言うんだ」というわけです。

そして、それが積み重なり、「悪いのは自分ではなく従業員のほうだ」という発想に変わってしまいました。

こうして、こじらせ自己愛は他責思考となり、誰かのせいにしてしまうのです。

嫉妬の苦しさから脱却するには、「自己評価を修正する」「嫉妬を解消するために努力する」、あるいは「その両方をする」作業が必要です。

これはなかなか難しい作業ですが、嫉妬するのは、何かがうまくいっていない、あるいはどこかに問題があるサインだと受け止め、その理由を分析してみることです。分析ができれば、解決の方法も見えてきます。

自己評価を修正するには、現在の自己評価と現実を対比するのがおすすめです。「自分はこうあってほしい」「自分はこういう存在のはずだ」という自己評価をまず紙に書き出してみる。そしてそれと対比させて、現実の状態や抱いている不満を羅列してみるのです。

そして、「現実はこんなもの、自分はこんなもの」というギャップを受け入れ、自分がやるべき努力を特定することです。つまり、「**ポジティブに自分をあきらめる**」のです。

その延長線として、「**自分ができることだけに粛々と取り組むこと**」です。**達成や成長の実感が、自己愛をある程度満たしてくれる**からです。

だからとにかく目の前にあることで自分が得意なこと、好きなことに打ち込む。とくにひとりでやれることのほうが黙々と取り組むことができ、周囲の反応という影響を受けにくいのでおすすめです。

第4章

キャリア

16 「評価されない」と悩むのをやめる

やめられない人　どの会社でも同じ不満を言い続ける。

やめられた人　他者に評価されるように適切な努力をする。

◉**「こんなにがんばっているのに」がおかしい理由**

「会社で認められない」「こんなに努力しているのに上司は評価してくれない」「自分より劣っているアイツが先に昇進するなんて会社は見る目がない」という悩み（嘆きや不満）があります。

もし思い当たったら、「本人がポンコツの場合」と、「上司や会社がポンコツな場合」の2つに場合分けして考えてみましょう。

まず「本人がポンコツの場合」です。

そもそも**仕事は他者に評価されるものであって、自分で自分を評価するものではないこと**を認識する必要があります。

趣味なら「自分はまあまあがんばっている」「かなり上達したな」という自己満足はおおいに結構なのですが、仕事とは基本的に自分以外の誰かのためにやるものです。たとえば、営業職なら顧客のため、事務職なら上司や自社の従業員のため、です。そして自分の仕事は、その人たちが喜ぶ成果を出すことです。

それなのに、**「自分はがんばっているのに」と思うのは、仕事観を180度間違えています。**まずその認識を改めなければ、どの会社に行っても同じことの繰り返し。

永遠に不平不満を言い続けることになります。

努力が認められるのは結果を出したあとであり、結果が芳しくないのに努力を認めてくれというのはかなりムリ筋です。その**努力の方向性ややり方が間違っているから結果が出ないわけで、そんな不適切な努力などほめようがない**でしょう。

プロ野球選手が、「毎日バットを素振りして努力しているのに、認めてくれない監督はおかしい！」と言うようなものです。打者なら、打席に立って出塁・打点という結果が求められるわけです。

「時給や給料を上げろ」と要求するのもこれに似ています。周囲の従業員以上に会社の利益に貢献していることを証明できるならともかく、自分から言うのは会社から見ればうっとうしいだけ。

本当に認められている人は、「じゃあ辞めます」と言えば「わかった、給料はいくらならいいんだ？」と引き留められます。

また、たとえば「自分より劣っているアイツが先に昇進」というケースも、実は本人には見えていない彼らの陰の努力があったのかもしれません。

だから嫉妬する前に、「あなたの何が認められて昇進したと思う？　僕もあとに続きたいんだ」と聞いてみることです。悔しくて聞けない人もいるかもしれませんが、そのプライドはお金を生みますか？　むしろ邪魔でしかないでしょう。

あるいは、「営業成績で比べたら自分のほうが優秀なのに」というケースも、何が優秀なのか、評価基準を知る必要があります。たとえば、会社は売上高を評価しているのか、利益率なのか、新規顧客獲得件数なのか、後輩の指導やリーダーシップを評価しているのか、上司に評価基準を確認してみなければわかりません。

そこで、**自分の評価や待遇に不満があるのであれば、上司と話し合いの場を持つこと**です。人事評価は上司の業務であり、会社から与えられた役職権限なので、上司には説明責任があります。

だから、**「私のどういうところが不足しているのでしょうか」「私がどのような力をつければもっと評価されるのでしょうか」と素直に教えを乞うてみる**のです。

それでもし、その理由に明確な根拠があって納得できるならば、それでよし。上司のアドバイスどおりに取り組んでみることです。

一方、もしはぐらかされたり、ごまかされたりなど、まともに話し合いに応じない、あるいは説明に論理性がなく納得できないなら、ポンコツ上司の可能性が高いでしょう。

ポンコツ上司の「あるある」が、「えこひいき」です。

本当にえこひいきだとしたら、それでポジションを得た同僚や後輩のほうがむしろ気の毒です。実力に見合わない仕事を任せられることになり、結果を出せずつぶれる可能性があるからです。

◉上司の上の上司に相談して助けを求める

そこでつぎが「本当に上司や会社がポンコツの場合」です。それを確認するには、上司のさらにその上の上司に相談してみることです。

「自分の評価の根拠について上司に説明を求めましたが、納得できるきちんとした回答をもらえません。これでは自分がどのような努力や研鑽をすべきか、どのようなスキルを向上させて会社に貢献すればいいのかわからなくて困っています」と助けを求めてみる。

それでその上の上司が動いてくれて適切な場が設けられ、さらに納得できる説明が得られればグッド。

もしその上の上司も動かず、あるいはやはり適当に流されたとしたら、会社全体がポンコツという結論になります。その場合、転職など自分の身の振り方を考えるのがいいでしょう。

なぜなら、会社自体がポンコツなら、行く末はかなり危ういし、本人も成長できず会社とともに沈む可能性が高いからです。それに本人が有能であればどこの会社でも活躍できるでしょう。

17

「会社の方針に不満を言う」のをやめる

やめられない人　不平・不満で人生を無駄遣いする。

やめられた人　「離脱」「発言」「忠誠」のどれかを適切に判断できる。

◉その会社で働くのも辞めるのも本人の自由

「会社の方針がバカげている」「会社がブラックだ」などという不満があります。
ここでも、**そんなに不満があるのなら辞めればいいのに、という大前提**があります。
その会社で働くにしても辞めるにしても、その選択は個人の完全な自由だからです。
すると、「そうは言ってもほかに仕事がないから、そこで働かざるをえない」といった声が聞こえてきます。いやいや、「条件を選ばなければ」という前提付きですが、仕事はどこにでもあります。

そんなに苦痛ならとりあえずバイトでもなんでもして、その会社から離れたほうが精神衛生上も好ましいというもの。

では、なぜ辞められないかというと、不満よりもほかの条件（給与、正社員という立場、あるいは転職の面倒くささなど）のほうが勝っているからです。

つまり、**「辞めずに、いまのままがいい」という選択をしている**のです。

「辞めさせてもらえない」も幻想です。

雇用契約の内容にもよりますが、一般的には最低2週間前までに辞職届を配達証明郵便か内容証明郵便で会社に送達すればいいだけの話です。それに、退職の足止めをすることは、労働基準法に抵触する恐れもあります。

職業選択の自由が与えられた現代日本において、誰かを特定の会社に縛ることはできません。**イヤなら辞めればいいだけのことで、そもそも何も騒ぐ必要はない**のです。

◉会社との関わり方は「離脱」「発言」「忠誠」「染まる」

世界的な政治経済学者のアルバート・オットー・ハーシュマンは、**組織に対するメンバー（あるいは顧客）の関わりは、「離脱・発言・忠誠」の3つに分けられる**と言います。

不満があるとか自分にとって意味や価値がないと感じるなら、さっさとその組織から離れるというのが「離脱」。

「発言」は、たとえば上司・上層部に対する提言や内部告発などによって、組織の改善や活性化を訴え、望ましい姿への変革を迫る行為。

最後の「忠誠」は、その組織に対するロイヤルティ（愛社精神みたいなもの）があり、組織との同化や連帯しようとする姿勢です。

私はもうひとつの関わり方として「染まる」があると思っています。離脱も発言もする勇気はなく、かといって忠誠もない。面従腹背でその組織にとどまるという、いわゆる社畜です。でもこれは人生の無駄遣いですね。

だから、**もしその会社に対して「忠誠」がなく「発言」する勇気もないのなら、先のとおり「離脱」を選べばいい。**

その会社に対して多少なりとも「忠誠」があり、いまの会社の在り方に強い疑問を感じ、会社をよくしたいと思うなら、勇気を持って「発言（提言）」することです。

そのときも「ここがダメだ」などという批判ではなく、「ここをこうしたらもっとよくなると思います。その根拠は……」などと提案を全面に押し出し、なぜそれがいいと思うのか論理的な根拠を示すことです。

言葉よりもレポートとして文書にまとめたほうがいいでしょう（一方で、その過程で自分の要求がいかにトンチンカンか明確になる効果もあります）。

それをやってもどうしようもないと思ったら、「離脱」に舵を切ればいい。

どの方法を選択するにしても、それは本人の自由。誰もその人の意思を止めることはできないのですから。

18

「給料が上がらない」と悩むのをやめる

やめられない人

見込みの薄い環境で嘆き続ける。

やめられた人

自分の環境を理解し、適正な市場価値と収入を得られる。

◉正社員でも給料が上がらない理由

「給料が安い（上がらない）」という悩みは、バブル崩壊以後は多くの人に共通するテーマのようです。しかし今後の日本では、もはや給料が上がる期待は薄いと考えています。私も給料を支払う側を経験したひとりとして実感します。

そもそも少子高齢社会では、最もお金を使ってくれるはずの現役世代の人口が減り、お金をあまり使わない高齢者が増えます。高齢者が家や高級車を買ったり、フレンチレストランに行ったりはあまりしないでしょう。

そして国内の人口はどんどん減少しますから、経済成長どころか企業の売上は下がっていく一方です。

つまり、**日本で現役世代向けに商売をしている企業のほとんどは斜陽化するリスクにさらされていて、企業は儲からなければ給料を上げる余裕はない**ということです。

それに、**業種業態や会社の利益構造、そして職種などによっても収入はある程度決まってしまいます。**

たとえば会社の売上が10億円で、仕入れやオフィスの家賃などの経費を引いた残りが3億円だとします。社員の数が１００人なら、給料は単純計算でひとり３００万円しか払えません。そのなかで差をつけてもらったとしても、自分だけ１０００万円とかになるかというと、それは難しいでしょう。

経営者サイドとしても、ほかの社員の士気や不公平といった影響を考慮してしまいますから、特定の個人だけをやたらと優遇することはできません。

売上が上がれば別ですが、前述のとおりその見込みは薄い。かといって人を減らせば残った人たちの負担が増すため容易ではないのです。

それに基本給を上げると固定費となり、業績が悪化したときは重い負担になりますから、一般的な中小企業の経営者は、昇給よりもボーナスで色をつけようとします。

パートやアルバイトはもっと顕著です。たとえばコンビニや飲食店のバイトで時給５０００円という募集は見たことはないと思います。人手不足の業界でもやはり限界があるのです。それに、そもそも時給制ではどんなに働いても年収が大きく変わることは基本的にありません。時給１０００円なら8時間働いて1日８０００円。３００日働いても年間２４０万円。

働ける時間には限界がありますから、自分の時間を切り売りするだけでは収入も限界があります。

◉給料は自分が勤める会社の利益構造で決まる

反面、たとえば住宅メーカーや保険代理店のトップ営業マンでは、年収1000万円以上稼ぐ人はザラにいます。

住宅は商品単価が高額だからです。3000万円の家で利益率が30％だとすると、900万円の利益。

毎月1件成約すれば年間1億円以上の利益ですから、会社の経費を差し引いたとしても、営業マンに分配する余裕は十分にあります。

保険の場合、商品単価は小さいですが、利益率が格段に高く、累積効果があります。在庫商売ではないのでそもそも仕入れの概念がなく、人はそう簡単に死なないし入院もしない。そのため顧客が払った保険料はほぼ利益。それを何十年にもわたって払ってくれるわけです。

そのためこの業界では、事務職でも年収1000万円超、営業職で年収3000万円プレーヤーがごろごろいるのも当然と言えば当然でしょう。

つまり、**利益率が高い商品や市場占有率が高い商品を扱っている会社、競合が少な**

い独自ポジションにいる会社、個人の努力が報酬に連動する給与システムの会社に勤めていれば、昇給の可能性は十分にあります。

一方、**年功序列の会社に勤めている場合は要注意**です。

たとえば新聞社やテレビ局などでは、年配社員は好待遇で年収1000万円以上は普通ですが、それで割を食うのが若手や下請けという構造の業界です。

年功序列の会社の場合、世代間の不公平の上に成り立っている構造なので、自分がいま年配のポジションなら安泰ですが、自分は若手とか下請け企業に勤めているとしたら、昇給の望みは薄くなるでしょう。

かといっていまは安泰ポジションでも、そこから上がる可能性は低く、年配ゆえに逆にリストラの恐怖に直面する可能性が高まるわけです。実際、肩書だけで年収は下がっていくとか、「45歳以上は早期退職制度への応募を受け付けます」といった話もよく聞きます。

◉給料が上がる見込みは「ある」のか、「薄い」のか

そこで**給与に不満があるのなら、自分はいったいどういう収益構造の業界・会社に**

勤めているのか、業界内でのポジションと将来の展望はどうかを確認してみることです。そして、社内での自分のポジションも俯瞰してみましょう。

昇給やボーナスはどんな要素で決まるか。成果給だとしたら、成果に対してどの程度の分配比率が見込めるのか……。

これらを考えたとき、上がる「見込みはある」のか「見込みは薄い」のか。

もし見込みが薄いなら、給料を上げるにはもはや転職して会社や業界、職種を変えるしかないということになりますが、よほどの能力が認められなければ、むしろ収入は下がってしまいかねません。

とくに、給与が年功序列で上がっていくような会社に勤めていると、転職したらガクンと下がるのが一般的です。

そこで、ひとまず人材紹介会社の転職エージェントに相談に行ってみる。あるいはヘッドハンティング会社に登録してみる。そこでどんな転職案件を紹介されるかによって、自分の市場価値がある程度わかるでしょう。

19

「やりたいことがわからない」と悩むのをやめる

やめられない人

会社を選べず、モチベーションが湧かない。

やめられた人

目の前の仕事に打ち込み、目標や課題が見つかる。

◉「目の前の仕事」に打ち込めばつぎの目標が見えてくる

いまの会社がイヤなら転職しろと言われても、「自分は何をしたいのかがわからない」「やりたいことがない」と嘆く人がいます。

そういう人は、子どものころから欲求、興味関心、好奇心を抑え込んで生きてきた可能性があります。とくに受験に向けて幼少期から一生懸命勉強だけに打ち込んできた人は、自分の奥底にある心の声が聞こえなくなっている可能性があります。

とはいえ幼少期を嘆いてもどうしようもないので、すぐにできる対策をひとつ紹介しましょう。それは「**目の前の仕事に打ち込むこと**」です。そんな単純なことでと思うかもしれませんが、かなり重要なことです。**必死になって何かに打ち込んでいると、不思議とつぎの目標やつぎの課題やつぎの出会いが見えてくる**からです。

就職（転職）活動でも、やりたいことがわからないので、会社が選べない、就職活動にモチベーションが湧かない人は、とりあえず直感で「ここならまあいいか」「自分にもやれそう」という会社を選び、受かったところに入社してそこの仕事に専念する。すると、自分は「これができる／できない」「これはやりがいがある／つまらない」「これは得意／不得意」といったことがわかってきます。

それがわかれば「つぎは何をすべきか」、たとえばその会社で昇進するか、現場にとどまるか、配置転換を申し出るか、転職したほうがいいかなどが見えてきます。

◉やりたいことを見つけるための3つのポイント

それでも、「やりたいこと」が見つからない人に、さらに3つの処方箋を提案します。

まずひとつ目の「**行動量を増やす**」ことです。

「やりたいことがない」と言う人に限って経験値が少なく、新しい挑戦を避けてきている傾向があります。行動が足りておらず、自分の得意不得意も世のなかの職業も知らないのです。何が面白いか、面白くないか、あるいは自分に適性があるかないかは、実際にやってみなければわかりません。

仕事でも趣味でも、やってみて初めて「あ、オレこういうの好きかも」「これ私に向いているかも」「これはちょっと違うかなあ」という感覚が得られます。

だから、ちょっとでも興味を持ったらやってみる。仮に興味がなくても、人に誘われたらちょっと乗ってみる。未知のことに取り組んでみることです。

つぎに「**心の引っかかりを日常的に意識する**」ことです。

日常のなかで、「自分はこういうことがやりたいのかなあ」「こういうのも面白そうだなあ」と意識を向け、ちょっとした心の引っかかりに敏感になっておくのです。

それを積み重ねていくと、「そうか、自分はこれがやりたかったんだ！」と意識が強くなる日がやってきます。「ああ、これがやってみたい！」という出会いが来ます。

それがいつ来るのかは誰にもわからないし、人によって違います。でも意識し続けていれば、いつかは来るかもしれない。もちろん、来ないかもしれませんが、逆に意識していなければ、永遠に来ない可能性のほうが高いでしょう。

その前提のうえで、「**機が熟すのを待つ**」ことです。

たとえば起業にしても、とにかく起業することが目的で焦って始めても、たいてい失敗します。たいして興味もないフランチャイズに加盟して、売上が上がらないとモチベーションが下がって撤退ということになりかねない。「これをやりたい」という熱意が沸点に達しないと、ちょっとした壁でも挫折してしまいます。

だから「いろいろ調べていろいろやってるんだけどまだ見えない」という人は、まだ機が熟していないのだと割り切り、そのときが来るのを待つことです。

20

「大企業か、ベンチャーか」で悩むのをやめる

やめられない人

会社環境に依存していずれ行き詰まる。

やめられた人

自分の実力を発揮できる仕事を選べる。

◉大企業とベンチャー、どちらを選ぶべきか？

転職や就職といった人生の岐路において、「どちらを選ぶべきか」で迷い悩む人は多いと思います。

私の経験上、**結論は「どちらを選んでも大差ない」**です。

どちらを選んだとしても、うまくいく人はそれなりに満足度の高い結果になるし、うまくいかない人はどちらを選んでもやはりそれなりの結果にしかならない。

だから仮に迷ったとしても、**「そこで自分は何をするのか」「自分がやりたいことができるのか」という主体的な意識と、「ワクワクするか」という直感で選ぶしかない**と考えています。

迷う人は、「環境が自分を変えてくれるのではないか」「環境が自分に何かを与えてくれるのではないか」「(根拠はないけど) 何かいいことがあるのではないか」と、外部環境に依存している可能性があります。

たとえば、「大手企業に行けば、何かすごいプロジェクトに任命されて、大きな仕事ができるかもしれない」とか、「ベンチャーに行けばなんでも任せてもらえて、若くして役員に抜擢されるかもしれない」など、「他人が何かしてくれるかもしれない」

という根拠のないスケベ心です。

これはキャリアに行き詰まった人が、海外留学やインド旅行をするメンタリティに似ています。「そこに行けば変われるんじゃないか」という、これまた根拠のない変身願望です。

でも結局、そのときはいったん逃避できたものの、帰国して現実に引き戻されたとき、自分と自分を巡る環境は何も変わっていないことにがく然とします。

それどころか、明確な目的や戦略を持たず勢いに任せて行ってしまったため、一貫性のない旅行や留学であることが人事部の人間や面接担当者にはバレバレで、むしろ再就職の足かせになったりする危険性すらあります。

◉自分の「キャリアコンセプト」を明確にする

そうならないよう、キャリアの選択で迷ったら、まず自分の「**キャリアコンセプト**」を明確にしておく必要があります。

たとえば、**いったい自分は何をしているときが充足感を感じるのか。その適性を活かしてどのような仕事をするのが納得できそうかを明らかにすること**です。むろんそれは知識や経験で変遷していくものですが、その時々で考え続ける必要があります。

たとえば私の場合、詳細は後述しますが、最初の就職で失敗したのは、「とりあえず日商簿記検定1級を持っているから、就職するなら会計事務所かな」という安易な選択をしたことも理由としてあると思います。

つぎの転職では、みじめさを払しょくするために「優秀な人が行かない未完成の会社」を選び、そのつぎの転職では、「とにかく自分を徹底的に鍛えられる仕事」を選びました。


同時に、**自分の性格と傾向をよく知り、環境が自分に何かをしてくれると期待するのではなく、どういう環境であれば自分の素のままで仕事ができるかを考える。**

たとえば私の場合、人見知りで自己主張が苦手なので、人間関係が濃くなりがちな少人数ベンチャーよりも、一人ひとりの個性が埋没しやすい大企業のほうが過ごしやすかったりします。

中小零細企業では人間関係が固定しがちですが、私は対人関係でつまずきがちなので、異動などがあり人間関係がリセットされやすい環境のほうが合っていたのです。

そういう**キャリアコンセプトを持たないと、自分の価値観や特性に根差した職業選択ができなくなります。**

すると、会社名とか給料とか、ネームバリューや雰囲気などの他人の価値観で選んでしまうことになりかねません。

大学生を対象にした「就職したい会社ランキング」が典型例で、なんとなく有名で、周囲に自慢できて、福利厚生が手厚くて、安定していて……みたいな選び方です。

それこそまさに就職ではなく「就社」であり、やりたくもない仕事をさせられ不満を持ち、3年以内で退職、みたいになってしまう。環境やスペックにこだわった職業選択ではいずれ行き詰まる可能性が高いのです。

◉迷い悩みながら「自分の納得できる仕事」を見つける

などと偉そうに言っている私ですが、もちろん私も迷い悩んできました。

大学時代に見つけた目標が「公認会計士」で、挫折し不合格になったのもすでに述べましたが、受験が4年生の夏だったこともあり、就職活動にはすっかり乗り遅れ、就職先が決まらないまま卒業。

卒業後はとりあえずフリーターを続けましたが、私がバイトを選ぶ基準は、「ひとりで黙々とできる仕事」や「人間関係がまっさらな仕事」でした。前述のとおり、人見知りで引っ込み思案ゆえに、対人関係が苦手だったからです。

そのため選んだのは「ビル清掃」とか居酒屋の「新店オープニングスタッフ」でした。前者はひとりで黙々とでき、後者はすでにできあがった人間関係のなかには入れないと思ったからです。

そしてようやく会計事務所に就職するわけですが、入社してすぐ計算ミスを繰り返すようになり、何度確認してもミスがなくならない。結局は早々と「使えねえヤツ」という評価を受けるようになってしまいました。そもそも自分はわりと雑な性格なので「1円を合わせるような細かい業務」は向いてなかった。

ミスをしては怒られ、終業後も居酒屋に呼び出されては説教の毎日。ストレスで朝が起きられなくなり、遅刻してさらに怒られる始末。私は生気を失い口数も少なくなり、ウツ寸前でした。

そして、1年後、またミスして所長と上司に呼び出され「どうするんだ！」と問い詰められ、「はい……辞めます」と力なく答えることしかできませんでした。

つぎに選んだのはコンビニですが、面接を受け3社に受かりました。ではどこにするか。

最も後発の上場二部企業（のちに一部上場）を選びました。

なぜなら、最後発ゆえに業務手順などが十分に固まっておらず、自分でも何か貢献できるんじゃないか、前回のみじめさを払しょくするには、完成された仕事で回っている会社ではなく、仕事が発展途上の企業のほうが、生き残れるんじゃないか、という発想です。

この選択はビンゴで、がんばればがんばるほど結果が出て、評価されるようになりました。

そしてつぎの転職先に選んだのは経営コンサルティングの世界。

いくつか受かりましたが、自分のキャリアがどうとか、年収がどうとかではなく、自分を鍛えるには戦略系しかないと、年収ダウンでも階級は新卒と一緒でもそこを選びました。

入社当時はなかなかついていけず、いつクビになるやらと不安でしたが、それでも歯を食いしばって続けるうち、それなりの評価をいただけるようになり、退職したときの年収は入社時の2倍になっていました。

もちろん、コンビニにしろコンサルにしろ、別の会社を選んでいたなら、それはそれでまた違った結果に（たとえばいまよりも大成功とか）なったかもしれませんが、同時に別の道を選ぶことはできないのでわかりません。

しかし、どの道を選んだとしてもそれなりにやっただろうなあと思います。なぜなら、どの仕事を選んでも自分が納得できる仕事をするだろうと思うからです。

つまり冒頭の話に戻りますが、「たいして変わらない」というのは、**自分の適性を活かし納得する仕事をすれば、それなりに幸福や充足を感じるので結果オーライになる**、というわけです。

21

「起業したいが、失敗が怖い」と悩むのをやめる

やめられない人

起業を目的にして、手段と目的を混同する。

やめられた人

自分の想いを形にして、創造的に生きられる。

◉起業して「成功しやすい動機」「失敗しやすい動機」

起業しようかどうか迷っている人は、「なぜ起業したいのか?」、自分の「動機」を見つめ直してみることをおすすめします。

起業の動機にはいろいろありますが、周囲の起業家・起業家予備軍を見ていると、成功しやすい動機と、失敗しやすい動機があるように感じます。

まず、**成功しやすい動機のパターン**です。

「こうしたほうがいいんじゃないか、これはおかしいんじゃないか」という本人の問題意識から入るパターン。その問題意識が「じゃあ、こういう製品・サービスはどうよ?」と始まっていく。これが一番多いような気がします。

つぎに、**「こんなことで困っている、アナタの力でなんとかできないか」という周囲の要請から入るパターン。**これはフリーランスに多いでしょうか。頼まれた仕事をしていたら、ほかにも声がかかるようになり、やがてまとまった規模になったというイメージです。

一方、**失敗しやすい動機のパターン**にも典型例があります。

それは「**目的が起業ありき**」という人。「起業するためにこういうビジネスを考えました」という、手段と目的が逆転しているパターンです。

なぜこれが失敗しやすいかというと、顧客ニーズよりも起業したい気持ちが優先してしまい、視野がせまくなるからです。だから「この製品・サービスには需要があるはずだ」という根拠のない思い込みに支配されやすい。

たとえば、「高齢者の孤独死を防がないといけない」という発想から、「高齢者がみんなに見守られて安らかに最期を迎えられる施設をつくろう」と考える人がいます。

しかし、本人は納得して死んだかもしれず、孤独死が悪だなんて誰が決めたのか。本人は本当に周囲から見守られて最期を迎えたいのか？　誰にも死に顔を見られたくない人もいるのではないか？

起業コンテストなどでよく見られるのはこの「思いやりの押しつけ型ビジネス」で、ニーズよりも本人の思いだけが先行しているビジネスモデルゆえに、ほぼ失敗します。

この場合、構想（という名の妄想）で悶々とするのではなく、まずはとりあえずリリースしてニーズを探ってみるとか、関係者に「本当にこれにお金を払いますか？」とリサーチしてみる必要があります。

これは**「サラリーマンはイヤだから」「会社がイヤだから」という動機**にも共通しており、その焦りがビジネスを見極める目を曇らせやすくなります。そのため、自分が本気でやりたいわけではないＦＣ（フランチャイズチェーン）であっても、「これイケるかも？」などと感じてしまう。とにかくサラリーマンを辞めたい、自由になりたいという逃避願望が思考力を奪い、「このビジネスならイケるはずだ（これ以上考えるのも面倒だから、これで売れて欲しい）」とすがりついてしまう。

もちろん、いずれも例外はあり、それで成功する人もいますが、それこそ本当の例外で、ほとんどは数年で消えていきます。

成功例は珍しいがゆえに華やかにメディアを賑わせ、いろいろ夢をかきたてられるわけですが、それはほんの一部。失敗は誰も話したがらないし、メディアもニュースの価値なしと取り上げないのです。

私も起業して15年以上、たくさんの人の出入りを見てきましたが、それでサラリーマンに戻った人、消えていった人は本当に多い印象です。

◉インターネットを使えば起業は簡単

というと起業にはネガティブなスタンスなのかと思われるかもしれませんが、私は基本的に起業にポジティブです。やはり自由度や充実度が段違いだからです。

私の場合、前述のとおり10年ちょっとのサラリーマン生活を経て独立起業し、不動産会社をはじめいくつかの会社を経営してきました。

そして現在は個人で仕事をしていますが、通勤もなく、寝る時間も起きる時間も気にしなくてよい生活をしています（正確には子どもの保育園への送迎があるので、ある程度時間は決めていますが）。

仕事といえばこうして文章を書いたり、講演をしたり、雑誌などの取材に応じたりですが、書くのは1日2時間程度ですし、講演や取材も時間が合えば（基本的にヒマですが）引き受けるという感じで、とても自由です。

ではなぜそんな生き方ができているのかというと、それは私の収入形態にあります。私には著述家としての一面がありますが、書籍やコラムの執筆はいつでもどこでもできますし、デジタルで納品できるので通勤もありません。

ネットビジネスもやっており、ネット広告やアフィリエイトは放置していても収入が得られます。

また投資家としての活動もあり、旧来からやっている不動産投資や太陽光発電投資、FX・株・仮想通貨などのトレードもしています。

これらに共通する要素は、ほぼすべてインターネットが基盤となっていることです。**インターネットを活用すれば、会社に行くことなく、誰かと会うこともなく、人を雇ったりオフィスを構えたりすることもなく、自由に稼ぐことができる**のです。

不動産や太陽光はリアルに存在するものですが、管理会社とはメールのやりとりだけで済みますし、太陽光も遠隔監視システムで見張るだけです。

それに、スマホのアプリでトレードし、「数分で1万円稼ぐ」なんて、昔は考えられなかったことです。

私の起業家仲間も、かつてはセミナーを開催し集客していたスタイルを変え、動画配信やオンラインサロンの運営などによって、家から一歩も出ることなく世界に発信しています。それで年収2000万円だと言っていました。

別の投資家仲間もほぼ引きこもりで、最近はSNSでしかやりとりしない関係になってしまいましたが、株のオンライントレードで資産を1億円以上にしました。いまや配当だけで年間数百万円もあるそうです。

これはかつての労働観、人生観に対する革命をもたらす、強大な武器を手にしたと言えるでしょう。

仕事の変遷過程として「レイバー（労働）」「ワーク（働く）」「プレイ（遊ぶ）」があり、なんとなく肉体労働者がレイバー、サラリーマンがワーク、音楽家やスポーツ選手がプレイと分類されている印象があります。

しかし私の感覚的には、「やらされる」のがレイバー、「やらなきゃいけない」のがワーク、「やりたいからやる」がプレイであり、起業はその活動のすべてが「プレイ」になり得ると感じています。

起業とは、自分が「これで世のなかを変えたい」という想いを商品にして、自分で名前と値段をつけて売るという、きわめて創造的な行為。つまり究極の自己表現手段であり、究極の自己実現手段です。そういう意味でも、自身の職業人生において起業を目指すことは、価値あることだと私は考えています。

第5章

人間関係

22

「いい人」をやめる

やめられない人

周囲に過剰に配慮し、疲弊してしまう。

やめられた人

自分の意思を示しつつ、深い関係を築ける。

◉本当は自己中な「いい人」

他人の目が気になる人、社会は窮屈で生きづらいと感じている人は、実は自己中心的な人です。そういう人は、「自分が周りからどう思われるか」が最大の関心事であり、自分のことしか見えていないからです。

他人のために気を遣って神経をすり減らしている人も、思いやりがあるからそうしているわけではありません。**自分が「いい人」と思われたい、あるいは嫌われたくないという感情が優先しているから過剰に周囲に配慮している**のです。

健全な人は、まず自分の意思を主軸に置きます。「自分はこれがやりたい／やりたくない」「自分はこれが好き／嫌い」といった意思が先にあり、そのうえでその判断が周囲に迷惑をかけないよう、できる限り配慮します。

この「できる限り」がポイントで、人は何をしてもしなくても他人に迷惑をかけることがあります。小さな子どもに寄り添って歩いていたら、後ろの人から「のろい！」「邪魔だ！」と怒鳴られるかもしれません。「すごいですね」と言ったら、喜ぶ人もいれば嫌みだと受け取る人もいるでしょう。

芸能人などはもっと大変です。たとえば東日本大震災のあと、東北の被災地へ行って炊き出しをした人が「偽善だ」「売名行為だ」などと批判されたこともありました。かといって何もしなければしなかったで、また批判されたかもしれません。

だから100%誰からも好かれる人はいないし、逆に誰かに嫌われる可能性は誰にだってある。完全なる善行など存在しないし、人はみな他人に迷惑をかけながら生きている。だからこそ私たちは、自分とは違う他人のことも許せるわけです。

そもそも自分という人間は、他人のために生まれてきたわけではなく、他人に迷惑をかけないために生まれてきたわけでもありません。

なぜ、他人の評価をそれほどまでに重視して疲れる必要があるのでしょうか？
なぜ、自分の幸福感が他人に左右されなければならないのでしょうか？

他人の評価がなくても、自分は自分のままでいいんだと思える心の獲得が必要です。

◉「いい人」はむしろ人から疎まれる

とくに「人に嫌われるのが怖い」という人は、人間関係で疲弊しがちです。他人の評価を気にして、いい人であろうとして、自分の意に反することでも相手に合わせたり、従ったりするからです。

でもこれでは深い人間関係を築くことはできません。なぜなら、本音を見せない人は「何を考えているかわからない人」「こちらに対して警戒している人」と映るため、相手もその人に踏み込んで行けないからです。

せっかく自分を押し殺してまで相手に気を遣う努力をしているのに、報われないどころか逆にマイナスな行為をしているのです。

これは拙著『「いい人」をやめれば人生はうまくいく』（日本実業出版社）でも述べたことですが、**親しい関係をつくりたいなら「自分はこう思う」を出していく必要があります**。

もちろん、自分の意思を示せば、違う意見・違う主義主張を持っている人とぶつかることになります。しかし、まったく同じ価値観の人はいないですから、それはある意味当然のことです。

大事なのは、「あなたと自分は違っていいんだ」と認め、受け入れることです。「そういう人もいる」「そういう考えの人もいる」というだけで、拒否する必要も嫌う必要もありません。

一方で、自分と違う人は受け入れられないという、狭量な人も確実に存在するわけですが、そんな人は自分の幸福な人生になんら貢献しないでしょう。

だから、自分を嫌う人には早いタイミングで嫌ってもらったほうが、人間関係維持にかかる労力を削減できるので、本来は望ましいこと。なのに「人に嫌われたくない」人はここで悩んでしまうわけです。

そもそも人間関係の悩みを解消するには、つぎの3つしかありません。

①現状のまま自分が我慢する
②関係を切るもしくは疎遠にする
③自分の思考を変える

まず「①現状のまま自分が我慢する」ですが、これは自分が疲弊するだけです。もちろん、疲弊してもそれに見合う以上の大きなリターンが待っているなら別です。たとえば月給500万円ももらえるのなら、パワハラ上司にも我慢できるというものでしょう。でも大きなリターンがないなら、なんの解決にもならないどころか、心を病んでしまうリスクが高い。最も避けたい選択肢です。

「②関係を切るもしくは疎遠にする」は、自分から積極的に関係を切るというより、誘いを断る、返事をはぐらかす、接点を減らすなどで、距離を置くほうが現実的でしょうか。

たとえばマウンティングしてくるような学生時代からの友人やママ友とは関係を切っても、困ることは何もないはずです。

それで罪悪感を抱く人がいるかもしれませんが、それは本当に悪いことなのでしょうか？　その人と関係を断ったり疎遠になったりしても、その人には自分が知らない別の友人知人がいるわけですから、自分の存在を過大評価しないことです。

そもそも自分がイヤな気分にさせられる相手、我慢しなければならない相手は友人と呼べるのでしょうか？　それは理想的な関係なのでしょうか？　そうでないなら、理想形（つまり関係解消）に近づくための正しい方法だと割り切ることです。

◉うわのそら状態をつくり相手の言葉をスルーする

①と②ができない、たとえば仕事の相手とか親族などのように、我慢するのも嫌だし、切れないし疎遠にもできない場合は、「③自分の思考を変える」ように、意図的

に受け止め方を変えることです。

たとえば仮に嫌みを言われても、「はあ〜そおですか〜？」「そういうこともあるかもしれませんね〜」などと柳のように受け流す。

これをストレスなくやれるようにするには、「相手が発した言葉を頭のなかに入れない」ことです。言葉の内容を受け止めるから傷ついたり嫌な思いをするわけで、いわば「うわのそら状態」を自分でつくり、セリフの内容をスルーするのです。

ちょっと訓練が必要ですが、慣れるまでは別のことを考えてみるといいでしょう。相手が何かをしゃべっているとき、「今日の晩御飯は何にしようかな〜」とか「帰ったら録画してあるあのドラマを観よう」などと、あとでやろうとしていることを思い浮かべるとわりと容易にスルーできます。


たとえば私の場合、次男の保育園が非常に神経質で、「穴が開いている服はダメ」「少しでもオシリにウンチがついていたらダメ」「登園の際は抱っこダメ、必ず歩かせて」「毛布を忘れてはダメ」「いつもより登園が早いのは事前連絡がないとダメ」「感染リスクがあるので兄弟を連れて来てはダメ」「だからといって兄弟を外で待たせるのは事故の懸念があるのでダメ」などと、こちらのちょっとしたミスやイレギュラーも、重箱の隅をつつくように指摘してきます。

これはかなりウンザリで、「そのくらいのことでいちいちキーキー言うなよ」「そんな細かいことどうでもいいじゃん」「そのくらい柔軟に対応できるだろう」などといちいちカチンと来る。

かといってその指摘そのものは正しいから、反論はしにくい。会話を断つこともできない。

そこでシャットアウトモードに切り替えです。登園時は、「はいー」「はいー」「ではよろしくお願いしますー」。夕方迎えに行ったときも、「はいー」「はいー」「では失礼しますー」。

もはや何を指摘されても注意されても、平気になりました。

23

「言いたいことが言えない」と悩むのをやめる

やめられない人

人の目を気にしてストレスを溜める。

やめられた人

言うべきことを伝えて、適切に対処できる。

◉他人がどう思うかは他人の問題

私は人からどう思われるかがほとんど気になりません。相手や言葉は選びますが、言いたいことはなんでも言うようにしています。なので、不愉快さや無念さを引きずることはほとんどありません。

そもそも**相手が自分のことをどう思うかは相手の問題であり、それは自分とは関係ない**ことだからです。

もちろん、「こう言えば相手はこう思うだろうな」という想像はできますし、自分の振る舞いでどう思われるかをある程度はコントロールできます。

しかし、シチュエーションと相手次第ではありますが、「相手が自分のことをどう思うか」と「自分の利得」を天秤にかけたとき、自分の利害のほうが大きいと判断できれば、言うべきことは言い、主張を押し通すメリットのほうが大きいと考えています。

卑近な例で恐縮ですが、私は居酒屋に行くとたいてい飲み放題を選びます。そういうところはたいていグラス交換制（前のグラスがカラになったらつぎのドリンクを頼める）ですが、なかなか出てこないときはあえて2杯頼みます。

すると、当然のように「グラス交換制になっていますので……」と言われるので、「出てくるのに時間がかかるようですし、店員さんもいちいち運ぶのが大変でしょう？このほうがお互いメリットありますよね？」などと暗にクレームをつけるわけです。

仮にそれでモンスター客だと思われても、直接言われることはまずないので、自分の勝手な空想に過ぎないと割り切ることです。

もし店員の態度が悪くなったのなら、もう二度と行かなければいいだけで、代わりの店はたくさんありますから。


◉相手に過剰に配慮してもモヤモヤするだけ

あるいは子どもの学校にクレームを言うことを躊躇する親がいるようで、その理由は「モンペ（モンスターペアレント）と思われたくないから」「子どもが学校で不利な扱いを受ける恐れがあるから」だそうです。

たしかにとんでもない要求をする人もいるようですが、**子どものために合理性があると判断したなら、主張しなければずっとモヤモヤと不満が続いてしまいます。**

むしろモンペと思われたほうが、「この人にいい加減なことをすると面倒」と相手も緊張感を持ってくれるのだと前向きに捉えることです。

そもそも学校は子どもが通っている間だけのつながりで、卒業すればほぼ関係なくなるでしょう。

「でも、学校や先生から嫌われたら、いろいろ不利になるのでは？」と心配する人もいるかもしれません。

もちろん教師も人間なので、そうしたい心理としては理解できますが、親の態度がどうであろうと、学校側が子どもを差別するのは許されないことです。なのでもし子どもが不当な扱いを受けるようなら、証拠を集めてクレームを入れればいい。６年間、あるいは３年間なんてあっという間です。

というのは私の例であり、ちょっと極端かもしれません。

自分の周りの人間関係をどう捉えるか、大事な人間関係が何かはその人次第ですが、**「その人に嫌われたら、自分にどういう損害が起こるか」「その場合はどう対処するか」を心のなかで準備できれば、イライラさせられる相手に過剰に配慮する必要はない**でしょう。

◉他人の価値観・評価基準に巻き込まれない

「友達なんだからやってよ」「後輩なんだから言うこと聞けよ」「同郷のよしみで」などと**タダで何かを要求してくるような人とは、そもそも付き合う価値はありません。**

もちろんその相手に何か借りがあるならともかく、他人を動かす以上、なんの報酬も与えず無償労働させるのは、きわめて失礼な態度だからです。

まともな人間なら、「薄謝で申し訳ないけど」「お土産買ってきました」「代わりにそれをやりますんで」「今度一杯おごらせてください」などと、タダ働きはさせないものです。

また、相手から見下された、バカにされたと嘆く人がいますが、**他人にマウントされて見下されたからといって、あなたの能力や人柄が下がるわけではありません。**

その人は単に、誰かを下に見ることでしか生きられない心の問題を抱えている人です。それはその人自身の問題であり、そんな他人の問題を自分の問題として引き受けてあげる必要などどこにもないわけです。

問題なのは、見下されたからといって自分が格下なのだと思い込む自分自身の捉え方です。それこそ他人の評価基準で生きていることになるわけですから、そこに巻き込まれないことです。

だから、もし頭に来たら反論する。「その発想が残念ですね」「語彙が貧弱過ぎて笑えますよ」とか。それが面倒なら「へえ、そうですか～」とスルーして近づかないに限ります。

もし誹謗中傷を広めるようであれば、それこそ警察に被害届を出し、民事訴訟を起こして慰謝料を請求しましょう。

◉大人の武器は「法律」である

このような「主張すべきは毅然と主張する」ために私が意識しているのが、法律の勉強です。**法律の知識があればトラブルになったときに臆することなく主張できて、交渉でも強気に出られる**からです。

たとえば事業者であれば、同業他社からの嫌がらせや、こちらを脅して有利な条件を引き出そうとする人もいるなど、様々な圧力やトラブルに巻き込まれることがあります。労働者とのトラブルもあります。それで自分が負けるとか知らずに違法行為をしていたという事態は避けたい。

しかし、**法律の知識があれば備え方がわかり、対処方法がわかり、法的手続きを知っていれば臆せず戦えます。**

隣人トラブルや買い物など日常生活で起こる問題も、自分が不利にならないように対処できます。

たとえば送り付け商法や架空請求なども、法的根拠がまったくないとわかれば、怖くなってお金を払ってしまう事態も避けられます。

自宅の敷地にかかった隣家の木の枝を勝手に切って訴えられる事態も避けられるでしょう。

クーリングオフを知っていれば不利な買い物を撤回できますし、行政不服審査法を知っていれば、不当な行政処分を覆せる可能性もある。

だから**仕事や日常で必要な法律だけでなく、自分に関連しそうな法律は、浅くても広く理解するよう努めています。**

実際、「保育所保育指針」を持ち出して保育園と口論したことがありますし、「いじめ防止対策推進法」も概要を把握しているので、万が一のことがあればそれで戦おうと思っています。

法律の知識があれば、様々なリスクを避けられるし対処もできる。リスクが減れば、快適な生活を送ることができる。

ここに、私たち大人が法律を学ぶ理由があると考え、ヒマを見つけては法律書を読むようにしています。

24

「職場での孤立」を恐れるのをやめる

やめられない人

人の輪に入れずに苦痛を感じる。

やめられた人

「成果」を出すことにフォーカスし、
居場所をつくる。

◉会社では成果を出すことにフォーカスする

周囲の人はどう思っていたかはわかりませんが、私はわりと職場で孤立しやすい傾向がありました。

なぜかというと、同僚とのランチや残業時の夕食が苦手で、誘われてもよく断っていたからです。人見知りで、食事のときに話題が見当たらず苦痛で、食事はひとりのほうが気楽でした。

当時はそのようなことを意識してはいませんでしたが、いま思えば自分のほうから孤立するような態度、孤立するようなオーラを出していたのだと思います。

私のように職場で孤立しているとか浮いているという人もいると思いますが、でもそれで悩んだり、ハブられて苦しいなどと感じたりする必要はありません。

なぜなら、**会社は仕事をする場であり、仕事で成果を出すことが求められている**からです。自ら進んで職場の和を乱すとか、険悪な関係にさえしなければ、付き合いが悪くても仕事で成果を出していれば会社からは認めてもらえるものです。

会社では業務に必要な会話だけにとどめれば十分。どうすれば職場の人間関係がよくなるかとか、ランチタイムが孤独で苦しいとか、どうすれば人の輪に入れるかを考えることは苦痛でしかないので、そこに意識を向けないことです。

それよりも、職場では成果を出すことに全力を注ぐ。**仕事ができる人は、周囲からの一定の評価を受けますから、そこに自分の居場所を感じて孤立感は薄らぎます。**

そして人付き合いが悪いとか、ノリが悪いとか、口下手という性格も、「あいつはああいう人だから」という評判となり、個性として認めてもらえるようになります。

「職場の人間関係」にフォーカスせず、「成果」にフォーカスすることです。

◉無愛想にならないよう振る舞う

ただし、不機嫌そうにしていてはいけません。「近づくなオーラ」を出しているととっつきにくい印象を与えますから、それでは成果も出しにくくなるでしょう。

「アイツは他人を排除しようとしている」「なんかいつも警戒している」と思われるのは損です。ただ内気でおとなしいだけなんだ、と思われるように振る舞うことです。

たとえば「**あいさつは笑顔で返事も元気よく**」を意識することです。話しかけられたらいったん仕事の手を止め、口角を上げてにこやかに対応するようにしましょう。

とくに私は、昔から黙っていると怖そうと思われることがよくあり、眉間にしわが寄っていてよけい不機嫌な感じなので、人前ではできる限り笑顔を心がけています（いつもできるわけではありませんが）。

そして、おなじみではありますが「周囲に感謝すること」。もっと具体的に言うと、**「ありがとう」を口癖にする**ことです。

嫌みで言う場合は別として、相手から「ありがとう」を言われてうれしくない人はいません。その人に対する好意まではいかなくても、少なくとも「気配りができるいい人」という印象を与えることができます。

するとど、自分がひとりでいるとき、グループのなかでポツンとしているときなどに、周りが気遣って声をかけてくれる可能性が高まります。

あなたも思い当たるフシはありませんか。気配り上手な人が寂しそうにしているとき、どうしたのかなと気になったり、声をかけたくなったりしたことが。**人間には、周囲にいつも感謝しているような人を放っておけない性質がある**のです。

だから孤独感や孤立感が強い人ほど、意識して周囲に感謝することです。

25

「グループから抜けられない」と悩むのをやめる

やめられない人

不満を溜め込み、
大切でない人間関係に翻弄される。

やめられた人

「選ぶ権利」を行使し、
大切な人との時間を過ごせる。

◉人間関係やグループは自由に選べる

抜け出したいグループ、辞めたい組織、断ちたい関係があるのに、それができなくて悩んでいる人は少なくありません。たとえば、ママ友、自治会、家族、親戚などとの人間関係で、「抜けられない」「自分が辞めるわけにはいかない」「続けざるをえない」「要求を飲まざるをえない」と嘆く。

しかし、その組織に所属しないといけないとは誰も決めてないし、抜け出してはいけないとも誰も決めていない。「○○せざるをえない」というのも、誰も決めていない。それらは自分で勝手に思い込んでいることです。

大人であり経済的にも自立している社会人は本来、職業も住む場所も、付き合う人も所属するグループも全部選べるはずです。

大人になれば、こんな田舎はイヤだと思うなら都会に引っ越すことができる。何かのスクールに通うのも自由だし辞めるのも自由。転職するのも自由。

犯罪さえ起こさなければ自分を縛るものはないし、そもそも他人にあなたの行動を制限する権利などありません（それを強引にやることは「強要罪」という刑事法違反となり、処罰の対象となることがあります）。

新型コロナウイルスの感染防止対策でも、海外のようなロックダウンという強制的な都市封鎖・移動制限や営業停止措置が日本では行なわれないのも、他国よりも人権がより尊重されているからです。

たとえば、「ママ友グループを抜けたいけど抜けられない」と言う人がいます。

本来、自分と気が合うから、相性がいいからと自然に仲よくなった人とグループになるはずで、そういう人たちの集まりなら楽しいでしょう。

しかし、**たまたま子どもが同じ学校の同じ学年だっただけのことなのに、イヤな思いをしてまでママ友とつるむ必要はどこにもない**はずです。

抜けたら子どもがいじめられる？　貴重な情報が入ってこない？

そのような心配をしている人もいるかもしれません。しかし、子には子の人間関係があるから、親同士の相性は関係ありません。

もし、「あの子と遊んじゃダメ」などと吹聴されたら、自分の子どもには「それはママたちの問題であって、あなたたちのじゃない。だからあなたたちは親に関係なく楽しく遊べばいいんじゃない？　そのお友達にもそう言ってみたら？」と言えばいい。

情報も、学校関係なら担任の先生に聞けばいいだけで、それ以外の情報はネットの口コミサイトなどにもありますから、そのグループにいないと得られない特別な情報はそれほど多くはないでしょう。

友人関係も同じく、いつも愚痴話ばかり聞かされてウンザリしているとか、デリカシーのない発言にモヤっとさせられるなら、距離を置けばいい。そもそも**不快にさせる相手が本当に友達と呼べるのか**、むしろそっちのほうが怪しいでしょう。

◉辞めたいけど辞められないは本当か？

「会社の上司が辞めさせてくれない」と言う人がいますが、解雇する権限はあっても、本人の意思で辞めたい人を引き留める権限などありません。

辞表と健康保険証を上司の机の上に置き、翌日から出社しなければいいだけ。携帯も会社や上司からの電話を着信拒否にしておけばいい。あるいは最近流行の退職代行サービスに依頼する方法もある。

「辞める」が言えないのは、「相手の否定的な反応を見るのがイヤ」「いま自分が抜けるとほかのメンバーに迷惑がかかるかもしれない」「残った人から後ろ指を指されるんじゃないか」「無責任だと思われるんじゃないか」という恐れがあるのでしょう。

これはおそらく、あらゆる組織や団体から抜け出したいのに抜けられない人の共通の恐怖感ではないでしょうか。

つまり、自分が追い詰められたり不満があったりしても、「いい人でいたい」という願望が強いのです。

しかしそれは、自分のなかの「こう思われるんじゃないだろうか」という根拠のない妄想に過ぎません。

実際、そういう場面でいい人として振る舞ったとしても、誰もあなたに何もしてくれないし、感謝もしてくれない。

それに、**辞めたあとで何か言われようと、自分には関係ない**ことです。残った人は残った人同士でよろしくやっているもの。その人たちがどう思ったとしても、自分にとってメリットもなければデメリットもない、もはやどうでもいいただの赤の他人なのです。

「自分が抜けたらほかの人たちに迷惑がかかる」という心配も幻想です。

自分が抜けたらその仕事は誰かがやるか、別の人にお願いするでしょう。**自分が抜けたら回らないというのは本人の思い上がりに過ぎません。**

そもそも自分がそんなに重要な存在なら、辞めたくなるような処遇をされることはないはずです。「どうでもいい」と思われているから、どうでもいいような待遇・環境・状況を与えられ、それであなたは辞めたいと感じているわけでしょう。

自分を冷遇する組織に、大切な自分の時間を捧げるのは人生の無駄遣い。世のなかにはもっと楽しくゴキゲンになれる組織はたくさんあり、それが選べるのです。大人になってまで「選ぶ権利」を放棄してはならないのです。

26

「ワンオペ家事育児」をやめる

やめられない人

ひとりで抱え込んで疲れてしまう。

やめられた人

家族で協力し、サービスを活用し、家族幸せに暮らせる。

◉家族でも言わなければわからない

昨今、専業主婦世帯は減りつつあり、夫婦共働きの世帯が増えています。今後もこの流れは続き、共働きが主流となっていくと思われます。

そこで最近よく聞くのが、「共働きなのに夫が家事育児を手伝ってくれず、疲れ切っている」という妻の悩みです。

実際、厚生労働省の「消費生活に関するパネル調査」によると、女性の幸福度は、「子どもがいない専業主婦＞子どもがいない働く妻＞子どもがいる専業主婦＞子どもがいる働く妻」という結果が出たそうです。これはやはり現実問題として、妻に家事育児の負担が偏っているからでしょう。

しかし、**パートナーの活躍を応援できないなら家族としての存在価値はない**と私は考えています。むしろ妻の望みを叶え、妻が社会でイキイキと働けるよう支援するのが夫の義務だというのが私の考えです。

妻は家政婦ではないし、ベビーシッターでもありません。夫が輝き、妻も輝き、子も輝く。**家族全員が輝けるよう、お互いを尊重し認め合い、協力していくのが家族**というもの。

そうでない関係なら、単なる同居人であり、そもそも一緒にいる意味がないでしょう。ならばいったん解散したほうがいいぐらいです。

とはいえ「それはムリ」という夫婦のほうが圧倒的でしょうから、まずは口に出して伝えることです。

「家族なのにわかってくれない」と言う人もいますが、言わなければわかってくれません。相手は超能力者ではないのですから。

望ましいのは、育児に突入する前の段階、たとえば子づくりをする前、妊娠がわかったタイミング、あるいは二人目三人目の話が出たときに、家事育児の役割分担を確認しておくことです。

しかしそこで確認し合ったにもかかわらず、相変わらず夫はいつも残業で遅いなどで妻がワンオペ状態になっている家庭も多いようです。あるいは「言ってもやってくれない」とか。

◉「パパ育《いく》」という子育て

あるいは妻側が最初からあきらめているケースもあります。「自分がやったほうが速い」「夫の作業がテキトーすぎる」「言うのも面倒」「説得する気力もない」というわけです。

であればなおさら、**パパにするための子育て、いわゆる「パパ育」が必要**です。

それにはまず、**小さく具体的なタスクからお願いする**ことです。

たとえば「オムツ3枚に名前を書いてリュックに入れてね」「今日は燃えるごみの日だから玄関に置いとくね。家を出るときについでに出して」などと、小学生にもわかるような小さなタスクから依頼をし、それを積み重ねるのです。

そしてひとつのタスクが大丈夫というレベルになったら、つぎのタスクをお願いし、夫の守備範囲を広げていく。

そののち、家事育児分担表をつくって冷蔵庫に貼っている家庭もあるそうです。

大切なのは、怒ったり文句を言ったり、ダメ出しをしないことです。

「なんでやってくれないの！」「そうじゃないでしょ！」「なんでそんな中途半端なの！」「これくらいできるでしょ！」「何度も同じこと言わせないで！」などと責めないことです。

いちいちダメ出しされたら夫のほうも「なんだよ、せっかく手伝ってやってるのに」「不満があるなら最初から自分でやれよ」などと憮然としてしまいますから。

家族といえども言葉遣いも大切です。**「命令」や「小言」ではなく、「お願い」ベースで依頼する。**たとえば、「洗濯物をたたんでくれるととても助かるのだけれど」とか。

そして、**最初から自分と同じクオリティを求めない**こと。しわくちゃとか雑だとか、自分と同じレベルでやってくれないことにイライラするわけですが、最初は完璧にできないものだと割り切る。イラっとしても、少しずつ育てる感覚です。毎日忙しくてそんな余裕はないのはわかります。「そこまでするのなんて面倒」「だったら自分でやったほうがマシ」という感情もわかります。

しかし、「夫という子育て」も同時にしていかなければ、いずれ奥様のほうがつぶれてしまいます。

◉ベビーシッター・家事代行サービスの利用を考える

それでもやってくれないとか、**夫が忙しすぎて物理的にムリなら、外注、つまりベ**

ビーシッターや家事代行サービスを利用しましょう。これなら家事育児も仕事も両立できます。

お金がかかるといっても、育児で大変なのは小学校低学年くらいまでの数年程度なので、期間限定だと割り切ることです。

私の知人の女性編集者は第二子が生まれたとき、「自分の月給のほとんどが家事代行とシッター代に消えた」と言っていましたが、キャリアを中断することなく両立したため、子育てが一服したいまでは編集長です。年収は１０００万円を超えています。

わが家も子どもが保育園に入れない時期は、シッター代だけで月20万円以上かかっていましたし、家事代行サービスはいまでも利用しています。

私たちの場合は単に**「家事に時間をかけるくらいなら、その時間で仕事をしたほうがより稼げる」という発想**です。

家事代行は、掃除や洗濯といった家事はもちろん、１週間分の料理をつくり置きしてくれるサービスもあります。これなら会社帰りの買い物や料理の手間が省けます。外食やスーパーの総菜よりもよほど健康的です。

シッターも、保育園へのお迎えをやってくれるサービスもあり、これなら仮に残業になっても安心です。

帰宅後も、たとえば1時間だけでも公園などに連れて行って見てもらえば、母親もホッと一息つけるでしょう。保育園が休みの日曜祝祭日も、ちょっとだけでも預かってもらえれば心に余裕が生まれるというもの。

自治体が主催する「ファミサポ（ファミリーサポートセンター）」を利用すれば、専門のシッターよりも費用は格安です。


「他人が家に上がることに抵抗がある」という人も少なくありませんが、同じ人が毎回来れば、顔馴染みになってママ友のように「距離はある他人だけど、わりとざっくばらんに話せる」間柄になります。「ママ友が家に上がるのはイヤ」という人は多くないでしょうから、単に慣れの問題です。

ベビーシッターに預けることに罪悪感を持つ人もいるようですが、海外では当たり前ですし、そういう思い込みを捨てることです。シッターに預けるのが悪いことなら、保育園に預けるのも悪いことになってしまいます。別にそれで発育が阻害されるわけでもないでしょう。

それに、もしそのような理由で外注を利用しないのであれば、夫が家事育児をしないことへの不満など言わないことです。

有力な選択肢を自ら排除しているのですから、その不満はナンセンスというか、単なるワガママ、もっと言うと「都合がよすぎる」です。

他人を家に上げても家内労働から解放されるのがよいのか、不満を抱えつつ従来どおり家事育児に追われるのがよいのか、どちらがより家族のためになるでしょうか。

◉子育てに必要なのは「落ち着いた親の精神」

その際、「お金がかかる」などと夫から反対されるかもしれませんが、外注利用で反対する夫の発言はほとんど根拠がないものです。

たとえば「妻がやるべきだ」「そんなの妻失格だ」「自分たちでやるべきだ」「お金がもったいない」というのは、単なる本人の固定観念か思い込みです。

そもそも**外注とは、「時間と労力をお金で買う」という合理的な行為**であり、引き換えに「家族と接する時間と余裕が得られる」ことは家庭の安定には重要なことです。

だからなのか、私の前職の外資コンサルはもちろん、外資系企業を中心に家事代行とシッターの両方を利用している家庭は多いですし、夫婦共働きが一般的な海外や東京の都心部ではごく普通の光景です。

それに、とくに**幼少期の子どもの発育にとって最も重要なのは、「親が情緒的に安定している」こと**です。子の健全な精神は、健全な親の心によって育まれます。

母親が多忙で心の余裕がなければ、子にじっくり向き合えないでしょうし、子もそんな親の不安定さを敏感に感じ取り、遠慮したり自身の情緒も不安定になります。すると自己肯定感が育たず愛着障害を抱えるリスクもあります。なので**母親が子に十分な愛情を注ぐためにも、夫が手伝ってくれないなら外注を利用すること**です。

◉復職したほうがキャリアの可能性もチャンスも広がる

出産後のキャリアを大事にしたいなら、仮に夫や夫の家族の反対があっても「産休・育休」にとどめて復職したほうがよいと私は考えています。

出産を機に退職する人もいますが、キャリアを中断し社会から離脱すれば再就職にも難航し、生涯賃金が大きく下がるリスクがあります。

たとえば厚生労働省の賃金構造基本統計調査をもとに計算してみると、女性の正社員が稼ぐ生涯賃金は約1・5億円。40年で割ると年収約370万円。時給1000円のパートで6時間働いても年収約150万円。その差220万円×40年で8800万円もの差になります。**下手をすれば1億円も生涯賃金が減るかもしれない**のです。

金銭面に限らず、仕事を継続すれば先ほどの編集者のように、自分のキャリアや能力を伸ばすチャンスは広がります。

それに、子どもとせまい世界に閉じこもると、視野もせばまって充足感が得られません。やはり仕事をして社会と関わってこそ、自分の存在価値を認識できるものです。

子育ては大切ですが、母親には母親の人生がある。子はいずれ親元を離れていきますが、母親の人生は以降も続いていくわけです。

自分を犠牲にしてでも子のために尽くしたいのは多くの親の本能的欲求であり、たしかにそれは喜びでもある。しかしもし「自分が犠牲になっている」と感じるとしたら、それは何かが間違っている。

また、前述のように保育園に預けることに罪悪感を覚える人もいるかもしれませんが、保育園は保育園で大きなメリットがあります。

保育園では大勢の園児と一緒に過ごすことで社会性が身につきますし、母親と二人きりよりも、豊富な言葉のシャワーを浴びることができます。

絵本を読んでもらえたり、運動やリトミックといった教育的な時間もあります。栄養士が考えた、親がつくるよりも栄養バランスに優れた給食があります。着替えやトイレといった身辺自立の補助をしてもらえます。いろいろなウイルスをもらって熱を出すことも多いですが、それによって免疫力がついてきます。

そして日中は子どもから離れることで親の心にも余裕が生まれ、夜はたっぷり愛情を注ぐことができます。「3歳までは母親が見たほうがいい」というのは迷信で、科学的根拠はまったくありません。


もし保育園に入れず待機児童になったとか、あるいは家事育児との両立ができるか迷うなら、前述のとおり外注を利用することで両立は可能です。費用がかかっても、正社員で仕事を続けたほうが、長い目で見たら確実にプラスです。

母親の年齢が30代なら、職業人生はまだ半分以上も残っていますから、その長い道のりをわずか数年の子育てのために放棄するのはあまりにもったいない（小学校も高学年ぐらいになると、親より友達を優先するようになりますからね）。

だから私は、妻が働きたいなら是が非でも働いたほうがよいという立場です。

第6章

お金

27

「貯蓄絶対主義」をやめる

やめられない人　大切なことにお金を使えない。

やめられた人　**本当に大切なものにお金を使える。**

◉なぜ貯金が必要なのか？

「貯金がない」「なかなか貯金ができない」と悩む人は少なくないようで、ネットのコラムでも「20代で○○万円貯金した方法」とか「平均貯蓄額は○○円！」という記事は人気だそうです。

日本人はどうしても「貯金がないといけない」「貯金は大事」という貯蓄絶対主義的な刷り込みがある印象を受けます。

もちろん、「そうは言っても何が起こるかわからないから、一定の備えは必要だ」というのはそのとおりです。２０２０年に蔓延した新型コロナウイルスのときのように、自粛で仕事がなくなり収入が減ってしまうようなことは今後も起こる可能性があります。

そうした**「生活費の保険」としての貯蓄なら、おおむね1年くらい無収入でも生活に困らない程度が目安**です。

それよりも**重要なのは、「そもそもなんのために貯金が必要なのか？」という目的と、「ではその目的達成のために、いくらの貯金が必要なのか？」という具体的な金額**です。

そして**目的と目標金額が決まったら、おすすめの方法は「強制貯金」**です。
使った残りを貯金しようとするとなかなか貯まりませんが、最初から貯金したい金額をよけておくようにすれば、自動的に貯められます。

たとえば、職場に財形貯蓄制度があれば、給与天引きで貯蓄できますから、有無を言わさず貯金ができます。あるいは貯蓄型保険や確定拠出年金などのように、保険による積立も強制力がある方法です。

ただしこれらは、住宅取得資金や老後資金など長期的なものであり、使いたいときにすぐ使えないという弱みがあります。

そこで便利なのは、ネット専業銀行などにある「定額振替サービス」です。これで給料が振り込まれた瞬間に定額を別口座の定期預金に振り替えることで、必要なときに自由に使える貯金が強制的に貯められます。

◉どうでもいいものを買っていないか？

お金が貯められない人は、わりとどうでもいいことにお金を使う傾向があります。
週末のショッピングモールに行くと、大勢の客が手に紙袋を下げている光景を目にしますが、いつも疑問に思います。そんなに買うものがあるだろうかと。
私の場合、衣料品は破れるまで着ますので、年間の衣服代はほぼゼロです。靴下も同じものを10足買うので、穴が空いても使いまわせます。古いTシャツなども冬場に重ね着すれば問題ありません（ちょっと極端かもしれませんが……）。

100円ショップに行くと、やはり大勢の人が来ていますが、「それ本当に必要？」「いま必要？」と問われたら、「別になくても困らないけど……」というものを買っていないでしょうか。

そして家のなかを見渡してみる。もし、もう何年も使っていないようなものがあふれかえっているとすれば、それこそガラクタを買ってきたことになるわけです。
そこで**本気でお金を貯めたいなら、「これがないと絶対的に困るもの」「これを買わないと実害が生じるもの」に絞って買う**ことです。すると、買うべきものはそんなにないことがわかります。

◉工夫次第で貯金はできる

つぎに、買い方にも工夫が必要です。

たとえば家電量販店で買い物をする人は多いですが、その場での値引き交渉やポイント還元などがあったとしても、電化製品のほとんどはネットで買ったほうが安いです。また、ポイントサイト経由やオートチャージ、QRコード決済、クーポンなどもうまく活用すれば、二重三重のポイント還元で実質値引きになります。

あるいは手袋やマフラー、水着などの季節商品なら、来年使うものを今年のバーゲンで買えば激安で買えます。子ども服も、どうせすぐ小さくなって着られなくなるものと割り切り、リサイクルショップで買えば1着100円ぐらいです。

さらに、「ジモティー」というマッチングサイトを活用すれば、地元で格安あるいはほぼタダで必要なものをゲットできます。

スマホも、仕事でフル活用するようなヘビーユーザーでもない限り、格安スマホで十分でしょう。私もかつてスマホといえばiPhoneしかなく、それもソフトバンクしか扱いがなかったので、夫婦ともにソフトバンクで契約していました。

しかし以降、いろいろなメーカーからスマホが出て、格安通信業者も登場したことで、格安ＳＩＭフリースマホに切り替えました。

すると、それまで夫婦2台で月2万５０００円くらいかかっていた通信費が、３台分でも月９０００円台に下がりました（1台はデータ通信のみで、子どもと外出するとき騒がれたら困る場面で使うタブレット用です。そのパケット料金も無駄にならないように、家族シェアができるようにしています）。格安通信会社も、自分たちの使い方（通話が多いかどうかなど）の変化に合わせて変更していまは3社目です。

とくに携帯電話（スマホ）はおそらく一生使い続けるものになるでしょうから、月1万５０００円の削減効果でも、たとえば残りの生涯40年間で７２０万円にもなります。さらに固定電話もやめてしまいましたから、この分の費用も削減されました。

テレビもないのでＮＨＫの受信料もないし、新聞も購読していないので新聞代もない。ＮＨＫ受信料＋新聞購読料で月約５０００円強、年間6万円以上の削減です。

家の電気代も、東京電力から新興電力小売り会社に変更し、月約１０００円の削減になっています。

という感じで、ネットで検索して調べると、コストを削減してより多くのお金を残す方法はたくさんあります。あとは「面倒くさい」という感情との戦いです。

28 「老後が不安」で悩むのをやめる

やめられない人　漠然とした不安で焦る。

やめられた人　対策と代替案で、充実した人生を過ごせる。

お金

◉「老後の不安」の原因を特定する

多くの人が感じているであろう「老後の不安」。ただしこれだけでは漠然としすぎていて、老後の何が不安なのかを具体的に特定する必要があります。たとえば健康の不安、お金の不安、住まいの不安、独身なら孤独への不安などが考えられます。

しかし、「10億円持っているけど、老後が不安」と言う人はそう多くないでしょうから、最も大きいのはやはり「お金の不安」でしょうか。仮に「健康の不安」があったとしても、お金があれば豪華な介護施設に入り、健康的な食事と適切な医療・介護を受けられますから、老後にまつわるほかの不安は微々たるものになると思います。

不安になるのは、やはり「見えない」「予想がつきにくい」からでしょう。

年金支給開始年齢の引き上げ、年金受給額の減額など、自分が老後を迎えるころには年金だけでの生活は難しそうだ。でもいくらになるかはっきりとはわからない。

かといって潤沢な貯蓄ができるほどいまの自分に余裕はない。このまま貯金が少ない状態で老後に突入するかもしれず、だとしたら果たして暮らしていけるのか……。

そうした**不安を払しょくするには、「詳細な対策」と、「コンティンジェンシープラン（代替案）」を複数持っておくこと**です。

詳細な対策とは、「予想年金受給額」「自分の生活コスト」「実現可能な貯蓄額」「定年退職後の予想収入」をちょっと堅めに計算し、その範囲内で生活できる算段をしておくことです。

まず「予想年金受給額」ですが、会社員の場合は現役時代の給与に対する代替率が約50％と言われていますから、いまの給与の半分くらいの年金が受け取れる計算です。「自分の生活コスト」は概算でわかるとは思いますが、現役時代ほどお金はかからないと考えられます。

「実現可能な貯蓄額」は、毎月いくら貯蓄に回し、それを65歳まで継続したらいくら貯まるか。

「定年退職後の予想収入」は、アルバイトをすると仮定したら、いくらの収入になるかです（再就職はできるか定かではないので、アルバイトのほうが堅い試算と言えます）。

そのうえで、いまから備えておきたいことをご紹介します。

◉社会保険加入は必須

まずは年金です。受給できる金額は将来は減るかもしれませんが、**とりあえず「死ぬまでもらえるお金」があることは、ひとつの安心材料**となるからです。

とくにサラリーマンは恵まれています。なぜなら社会保険は労使折半なので、自分の給料から徴収される金額と同じ額を会社が負担してくれるので、倍の恩恵に預かれるからです。

夫婦ともに正社員を続ければ、支給額が減ったとしても、ぜいたくしなければ困らないレベルにはなるでしょう。

個人事業者は国民年金に加入しておきます。ただし国民年金だけでは現状でも月6万円台なので、これでは心もとない。

そこで国民年金基金や付加年金、確定拠出年金、小規模企業共済などに別途加入し、老後に受け取れる年金を増やすのが順当な方法です。

なお、確定拠出年金は主婦や一般の会社員でも加入できるので（法改正で会社の企業年金制度があっても加入できる）、余裕があれば検討に値します。

それでも不安な人で資金的な余力があれば、民間の確定給付型保険（貯蓄型の生命保険や個人年金保険）をプラスしてもよいでしょう。

確定給付型の保険は将来インフレになれば目減りするのが欠点ですが、払い込み中は節税にもなり、確定金額が受け取れるのは安心です。

◉マイホームを買っておく

一生賃貸暮らしであれば、年金から家賃を捻出しなければならないので、都市部では苦しくなることが予想されます。そこで老後も都市部で暮らしたい人は、現役のうちにマイホームを買っておくことです。

定年退職と同時にローンの返済が終わるようにしておけば、老後の住居費はかなり抑えられます。**お金がなくても、とりあえず住むところには困らないというのもまた、ひとつの安心材料**です。

「住宅ローンは負債」と言われることもありますが、老後の住居費の前払いと考えることもできますから、家計にムリのない金額で買っておくのも手です。

ローンを組めば通常は団信（団体信用生命保険）に加入しますから、生命保険の代替にもなります。これで民間の生命保険の掛け金を減らすこともできるでしょう。

さらに利便性のよい場所であれば、将来は売ることも貸すこともできるし、リバースモーゲージ（自宅を担保にお金を借り、自分が死んだら金融機関がそのマイホームを売却して資金回収する仕組み）も使える可能性が高まりますから、老後の選択肢が増えます。

ただしマンションの場合はそう簡単な話ではなく、修繕積立金は一般的に徐々に高くなりますから、ローンを完済しても、管理費＋修繕積立金で結構な金額が毎月かかります。さらに、大規模修繕のために一時金を徴収されるケースもありますし、老朽化しても建て替え問題の協議が難航しているマンションもあるので注意が必要です。

なお、定年退職したら田舎や地方に引っ越すという方法もあります。家が余って家賃は激安ですし、車も将来は完全自動運転が実現、ネットスーパーも使えますから、病院への通院や介護状態になった場合以外は不便はなくなると思います。

◉定年には関係なく老後も働く

平均寿命の延びとともに健康寿命も延び、65歳はもはや高齢者ではなく「まだ中年」といった状況になるでしょうから、会社の制度に自分の人生を合わせるのではなく、会社が決めた定年には関係なく働くことです。

何より「社会との接点がある」「誰かから必要とされている」「人の役に立っている」「自分でお金を稼いでいる」という自尊心が持てることは充実した人生を送るうえでも重要なことでしょう。

それに、働くことで生活に緊張感があれば、病気になるリスクも低減されることがわかっていますので、老後の医療費負担を減らすことにつながります。

「老後は働き口がない」と予想できるなら、いまから「65歳になっても雇用される人材」になるよう鍛錬しておく。

専門分野を磨いておけば、将来は「経営顧問」として社外役員やコンサルタント的な働き方ができます。たとえば事業戦略、販路拡大、生産・品質管理、海外進出、リスクマネジメントやガバナンスといった専門領域の顧問は、本人の年齢に関係なくニーズがあります。

あるいはいずれ起業できるよう副業に取り組んでおくことです。自分で事業をやれば生涯現役ですから、定年とか再就職といった概念がなくなります。

◉自分の労働力に依存しない収入源をつくっておく

ここでいう**副収入とは、副業などではなく、たとえば株式の配当収入、不動産投資による家賃収入、その他金融商品の利息収入など、いわゆる「不労所得」**です。

なぜこれが必要かというと、貯蓄を取り崩すだけの生活は恐怖でしかなく、どんなにお金があっても毎月残高が減る一方の通帳を見るのは心が滅入ってしまうからです。

また、いまは元気でもいずれは働けなくなる日がやってきます。病気になる可能性もあるし、気力が続かない可能性もある。

なのでなるべく、自分の労働力に依存しない収入源の獲得が望ましいと私は考えています。私自身、賃貸用不動産や太陽光発電といった対象を中心にしているのもそこに理由があります。

◉お金のかからない生活スタイルをつくる

現役時代から固定費をミニマムにしておき、それに慣れておくことです。

服や靴はいいものを選び大事に手入れすれば長く使えるし、スマホだって最新高性能なものである必要はないでしょう。前述のとおり、通信費や電気代も削減可能です。

マンション住まいでも、ベランダにプランターを置いて家庭菜園ができます。そのベランダに太陽光パネルを置いて発電すれば、スマホの充電もできます。

でもそれはケチケチ生活をしようということではなく、「本当に重要なこと」「自分を変革・成長させてくれること」「家族の繁栄や幸福に貢献すること」に大胆にお金を使えるように、固定費を減らして可処分所得を高く保つという意味です。

29

「お金がない」と悩むのをやめる

やめられない人

将来の可能性をせばめてしまう。

やめられた人

自己投資して、
大きなリターンを得られる。

◉20代なら貧乏から脱出する必要はない

「お金に困らないように」とはいっても、本人の年齢によって取れる方法は異なります。残された時間や与えられた環境によっても異なります。そこでつぎでは、「貧乏から脱出したい」という人に向けて、年齢別の対策をご紹介します。

20代で「貧乏」と感じていたらどうやって脱出すればいいのでしょうか？

私の答えは「貧乏から脱出する必要はない」です。

そもそも20代はまだ会社から仕事を教わっている立場の人も多いですから、収入は低くて当然です。その少ない収入のなかからさらに貯金のためのお金を捻出しようとすると、家と会社の往復だけの往復バッタ、涙ぐましいカリカリ節約生活になってしまいかねません。**20代だからこそできる様々な経験を捨ててまで節約貯金に励むことは、将来の自分の可能性をせばめるだけ**です。

それはコスト削減が不要ということではありません。

「お金がない」と言っている人は、「あれも買いたい」「これも欲しい」という目の前の欲求に振り回されているだけかもしれないと疑ってみることです。

たとえば新しいスマホや洋服など、流行だから、カッコイイから、かわいいから、安いからといって、**自己満足や見栄のための出費が多くはないかを疑ってみる**必要があります。お付き合いの生命保険なども不要でしょう。結婚して子どもがいる人は別ですが、独身なら仮に自分が死んだとしても、経済的に困窮する人は多くないからです。

しかしそれよりも、**20代は、ちまちまお金を貯めるのではなく、未来の自分に投資する**ことです。なぜなら、**自己投資は早ければ早いほど回収できる期間も長く、回収できる財産（お金だけでなく、人脈や知恵など）が大きくなる**からです。

私は人間の幅を広げるものは3つあると思っていて、それは「本を読むこと、人と会うこと、旅をすること」です。だからたくさんの本を読んで視野を広げる、たくさんの人と会って見識を広げる、未踏の地を旅して見聞を広げることです。

20代の自己投資は、職業人生の残り時間が長いからこその特権と言えるでしょう。ドラクエでも、スライムを倒して得たゴールドを貯め込んでいるだけでは前に進めません。より強い敵を倒すために、武器を買ったり仲間を集めたり、稼いだゴールドを再投資するはずです。そしてそれには時間がかかる。

人生もそれと同じではないでしょうか。

高い建物を建てるには、土台を深く掘る必要があります。そして20代はその土台をつくる時期。だから**自分の土台づくりのために、稼いだお金は全部再投資するくらいでちょうどいい**というが私の考えです。

もちろん、**転職などで収入アップを目指すのもひとつの選択肢**です。

転職を考える際は、学生時代のように人気があるとか注目を集めている企業、あるいは給与の高い会社を目指すのではなく、**「自分が成長する機会があるかどうか」で選ぶ**ことです。「自分はどういう人材を目指していて、そのためにはどういう経験が必要か、そしてそのためには、どういう仕事が適しているのか」を考えましょう。

収入なんてあとからいくらでも挽回できるし、その時間も残されているわけですから、まずは自分を鍛えてくれる環境に身を置くことです。とにかく、20代は貯金なんてゼロでもいいから、全額自分の未来にベット（Bet：賭け）することです。

◉30代では「当たり前」を疑ってみる

30代は結婚・出産など、生活の変化やイベントなどの出費が多い時期なので、貯蓄が少ないのはやむをえない部分があります。

しかし、自分が「当たり前」と感じていることを疑ってみる必要はあるでしょう。

たとえば結婚披露宴や新婚旅行は本当に必要なのか。そんなにお金をかけるべきものなのか。とりあえず婚姻届を提出するだけでもいいし、身内で式だけ挙げ、披露宴は余裕ができたときでもいいという考え方もできます。昔のように長期休暇がとりにくいとか、海外旅行費が高額だった時代でもないですから。

子育てはそんなにお金がかかるものなのか。たとえば懸賞サイトを見ると、妊婦や乳幼児向けのプレゼント応募企画がたくさんありますから、多少は補えます。子ども服もブランドものである必要はないし、リサイクルショップを利用してもいい。

子どものお稽古はそんなにお金がかかるのか。親のエゴであれこれ通わせるのではなく、親は子どもが夢中になれるものを見つける手伝いをして、見つかればそれを全力で応援すればよいのではないか。

お金

これからは夫婦共働きが基本。出産してもなるべく早く復帰する。ダブルインカムという安定性と引き換えなら、夫も家事育児に協力してくれるでしょう。

そんな感じで生活や出費の軸を夫婦で話し合い、協力して生活設計を考えれば、貧乏から脱出するのはそう難しくありません。

お金がないと不満を持っている世帯ほど、相手の出費には無関心とか、実は夫婦の会話が少ないものです。

しっかり話し合ってお互いの考え方や家族の方向性を共有すれば、たとえお金がなくても満足できる生活は可能です。

また、私の周りのビジネスパーソンを見ていると、20代後半から30代後半にかけての時期に、才能が開花する人が多い印象があります。

そのため、**30代半ばまではまだ自己投資へのウエイトを大きくし、貯金は少なくても気にしすぎる必要はない**と思います。

ただし独身の場合、収入が自由に使えるという気持ちが出費をゆるくしてしまいがちで、趣味につぎ込んだり大人買いをしたり、あるいは自分へのご褒美といって奮発する傾向がありますが、それはストレス発散のためになっていないか注意が必要です。

30

「教育費が高い」と悩むのをやめる

やめられない人

「指示待ち人間」の子に育ててしまう。

やめられた人

レールを敷かなくても、自分で考える子が育つ。

◉40代は「教育貧乏」に要注意

まだ老後まで時間はありますが、この年代で貯金がゼロでは危機感があるかもしれません。

しかしこの年代もやはり、住宅ローンなどのほか、とくに子どもの教育費に最もお金がかかるタイミングゆえに、貯金が少ないのはある程度はやむをえないと言えます。ただし、**ムリして私立の中高一貫校や塾や予備校、お稽古に行かせて「教育貧乏」になっていないか注意が必要**です。

基本的には子の「やりたい」という意欲を尊重し、あまり親がレールを敷かないほうが、子が自分で考える力をつけるのに役立ちます。親の言いなりや親の押しつけの結末は、思考停止の指示待ち人間のできあがりですから。

大学など へ進学させたいがその費用が大変だという場合、大学や専門学校には奨学金で行ってもらえば、負担はかなり軽減されます。

これには子に対する教育効果もあって、「借金であるから返済義務がある」とか「何も考えず学生時代をダラダラ過ごすと、あとで返済がきつくて苦しむことになる」とか教えることで、子はより真剣に進路など将来の方向性を考えるかもしれないし、進学先での過ごし方も変わってくるのではないでしょうか。

そして少しずつ子どもに手がかからなくなってくるでしょうから、**もし奥様が専業主婦であれば、やはり働きに出ること**です。

40代ならまだフルタイム正社員の道は残されています。正社員になれば、原則65歳まで働くことができ、しかも厚生年金に加入できますから、老後に受け取れる年金の金額が大きくなります。いまお金がないという状態であれば、これは欠かせない選択肢と言えるでしょう。

また、転職相談所などに相談に行って、自分のキャリアの延長線上で65歳以降でも雇用されるのはどういう人材かを聞いてみるのも手です。

そしてそういう人材を目指して自己投資プランを立て、いまから自分の知識やスキル、経験を高めておくのです。

もちろんＡＩやロボット技術の進化などによって未来の職業ニーズは流動的ですが、定年までまだ時間があるにもかかわらず無策というのは、あまりに無謀ですから。

◉50代は老後に備えての貯めどき

50代で貧乏だったら、どうすればいいのでしょうか。定年退職が見えてきて不安が大きくなる時期かもしれません。

しかしこの年代も後半になってくると、そろそろ子どもが巣立つとか、教育費など子ども関連の費用がかからなくなる時期ですから、これからが**老後に備えての貯めどき**です。

生命保険なども大きな保障額は不要になるので見直し、奥様もパートなりで働いてダブルインカムとなれば、貯蓄のペースも速くなるはず。

ただし50代になると勤務先の給料アップを目指すのはなかなかハードルが高いかもしれません。企業によっては、徐々に給与がダウンすることもあるようです。

ではどうやって収入・貯蓄を確保するか。

ひとつ有力な可能性があるとすれば、不動産投資です。とくにワンルームマンションであればほぼ満額に近いローンを組めますから、資金が少なくても始められるからです。

もちろん、この年齢になると借入年数が短いため返済額が多く、現役時代はほとんど手残りはありません（あるいは少し持ち出しがあるかも）。ただ、定年退職と同時に完済するように設定しておけば、完済後は毎月5万～8万円くらいの副収入になります。

ローンをどれだけ組めるかは人によりますが、こうした物件を3つほど持てば月20万円ほどとなり、年金の足しになるでしょう。

十分な貯蓄がなくても、毎月固定で入ってくる家賃収入があるというのはひとつの安心材料となります。

あるいは戸建てに住んでいる人であれば、そろそろ本格的な修繕が必要になってくるころかと思います。

もし駅から近いなどよい立地条件で建築基準を満たす場所であれば、子どもが巣立って物置になっている2階部分を賃貸仕様にリフォームして貸し出し、賃貸収入を得るという方法があります。

リフォームローンも借りやすいですし、ついでにバリアフリーにすれば自治体によっては補助金も出ます。

また、早い人はそろそろ相続のタイミングがやってきます。そこで、家族間で合意を得る必要はありますが、親の家を相続するという方法があります。

自分の親だけでなく配偶者の家もありますから、定年退職後は自分の家を売ってそちらに住む、あるいは逆もできる。親が健在でも、同居して介護できたほうが安心という人もいるでしょう。

「縁起でもない」と嫌悪感を示す人もいますが、相続は必ずやってくるものですから、親が健在なうちに親の財産を確認しておくのが、家族兄弟で「争続」にならないためにも必要です。

それこそ認知症になってからでは法的手続きが面倒で、モメる原因にもなりかねません。

これは個人的な見解ですが、私は50代以降では株式投資などの資産運用には否定的です。ただでさえ貯蓄が少ないのですから、もし損失が出ても取り返すには時間が足りない可能性があるからです。老後の生活設計を狂わせないためにも、元本が変動しないもののほうが望ましいと考えています。

最後に、運次第なのであまり期待できない方法ではありますが、同窓会などにはなるべく顔を出して、旧交を温めておくことです。

いろいろ動いてみたものの定年退職後は職がないという場合、かつての友人知人から「ヒマならウチに来る？」というお誘いがないとは限らないからです。

65歳を過ぎれば、おそらく民間の就職あっせん業者やハローワーク経由などでの就職は難しい可能性があります。

そんなときにモノを言うのが横のつながりによる縁故採用ですから、同窓生だけでなく、過去の取引先などいままで出会った人との交流を復活させておくのもいいかもしれません。

◉60代以降で貧乏だったら？

定年退職を数年先に控えて収入が減る一方、さらには親の介護などにもお金がかかる時期で、このタイミングで貧乏という人は、どうすればよいか。

まず**年金事務所に問い合わせて、自分がもらえる年金額を照会**してみましょう。まずはそれで自分の生活設計を再構築することです。

それでもし足りないことが明確なら、健康に留意し、定年後もなるべく長くアルバイトなどで生計を立て、年金の繰り下げ受給をすることです。

繰り下げれば繰り下げるだけ受給額が多くなり、長生きすることによる老後の金銭的リスクを低減できます。現時点では70歳から受給すれば、受け取れる年金額は、65歳受給開始と比べて4割もアップします。

もし独身なら住む場所をあえて選ぶ必要もありませんから、住み込みのアルバイトなどが挙げられます。求人情報サイトを検索してみると、寮で暮らしながら働ける仕事があり、なかには寮費無料、水道光熱費無料、賄い付きといった仕事もあります。

これなら家計が大幅に改善しますし、自宅を持っている人ならそれを賃貸に出して生活費の足しにすることもできるでしょう。

また、本人が持っている技術のなかには、新興国で必要とされるものもあるかもしれません。そこでたとえば、ＪＩＣＡ（国際協力機構）が募集しているシニア海外ボランティアに応募してみるという方法もあります。2年もしくは1年という期間限定ではありますが、自分の技術を活かしつつ、生活費も支給されます。

あるいは、Ｕターンやターンによって田舎暮らしをすること、いわゆるプチ移住も挙げられます。

とくに過疎化など人口減少に悩む地方自治体のなかには、住居や仕事の斡旋、あるいは家賃補助など、手厚い待遇を用意しているところもあります。

そうした田舎では生活コストは非常に低く、さらに近隣住民で農作物を融通しあう習慣があるなど、国民年金＋アルバイトで最低限なんとかやっていくことは可能です。娯楽が少ないとかそんな贅沢を言っている場合ではないですし。

仕事も少なく、事務職など内勤の仕事はほぼ皆無のことが多いようです。メインは農業など体を動かす仕事になるかもしれませんが、土いじりもやってみると案外楽しいもので、黙々と作業して汗を流し、実った作物を収穫するというのは、都会の喧騒に揉まれた人には新鮮のようです。


ただし、ヨソ者を受け付けない排他的な地域もあり、無視や誹謗中傷、ゴミ捨て場を利用させないといった嫌がらせを受けたという話も聞きます。

なので、自治体の担当者に確認したり、完全に引っ越しする前に体験移住をしたりなど、注意は必要です。

なかにはタイやフィリピンといった物価の安い新興国に移住している人もいます。私がかつて滞在したフィリピンのセブでは床屋のカットがなんと２００円でしたし、「ジプニー」という乗り合いバスは1回10円から30円くらいでした。現地のハウスキーパーは月1万円で雇え、英語でコミュニケーションできます。これなら年金だけでも暮らせそうです。

言葉の問題や習慣の違いを気にする人もいますが、住めば都とはよく言ったもので、なんとかなるものです。とくに東南アジアはどこも親日国なので、日本人には住みやすいと言えます。

などと、いろいろな選択肢をご紹介しましたが、もちろんこれらがすべてではないし万人に正しいわけでもありません。本人の性格や嗜好、家族の同意など、条件は人それぞれです。

重要なのは**不安の要因を突き止め、解消すべく複数のプランA、プランB、プランCを持っておく。それが老後の不安を和らげる一助になる**はずです。

第7章

挫折

31 「夢・目標」にこだわるのをやめる

やめられない人

執着のせいで、身動きがとれない。

やめられた人

執着なく、自由に快適に過ごせる。

◉夢・目標が悪い悩み方の原因になることも

悩みは、向上心から生まれることもあれば、執着から生まれることもあります。とくに執着は「ねばならない」「であるべきだ」という発想につながりやすく、悪い悩み方になりやすい傾向があります。

たとえば「怠けてはいけない」「あきらめてはいけない」「他人を憎んではいけない」「人生とは苦しいものだ」「世のなかは甘くない」「この程度で満足してはいけない」などといった刷り込みや自分の信念に対する執着は、ときに自分を鼓舞する一方で、ときに自分を縛る足かせになることがあります。

「夢」や「目標」も、執着と表裏一体です。「司法試験に合格したい」というのもある種の執着ですし、「難関大学に行かなければ意味がない」「医者になって親の跡を継がなければならない」というのも執着のひとつです。

やる気や向上心、努力につながる執着はおおいに持つほうがいい一方で、悩みや身動きがとれなくなる執着は捨てたほうがいい。

執着がなければ、「結果は結果で仕方ない」「まあ、これでもいいだろう」などと、穏やかな気持ちで状況を受け入れられます。それは自暴自棄とか簡単にあきらめていいという意味ではなく、ある種の「寛容さ」です。

たとえば「何がなんでも東京大学に行きたい」と執着すれば、東大に受からなければ落胆します。しかし「受かったところでいい」と考えれば、挫折や劣等感とは無縁で楽しいキャンパスライフになるでしょう。

「優良企業に就職しなければならない」と執着すれば、内定がもらえない焦りと不安で自信が揺らぎますが、「自分を必要としてくれるところで、まずはスタートしてみよう」と考えれば選択肢が広がり、内定がもらえればそれだけでうれしいというもの。

「年収300万円では結婚できない」と執着すれば、ヘタをすると一生独身ですが、「別に夫婦共働きならそう困らないんじゃない？」と思えれば、結婚にも前向きになれるでしょう。

74ページでも述べましたが「政治家は清廉潔白であるべきだ」という執着があれば、不倫などのゴシップ報道で腹を立てることになります。

しかし、政治家としての能力とプライベートは別であるし、不倫はあくまでも当人同士の問題であると寛容になれれば腹も立たない。

そして「政治家の不倫と国民の幸福にはなんら関係がなく、政治家には政治能力を問えばいい」という自分の判断軸があれば、政治家が掲げた公約とその実現度で計測しようとするでしょう。

ママタレントのブログが炎上するのも、「母親はこうあるべき」「母親はこれをするべきじゃない」などという読者側の正義への執着があるからです。

人間関係に悩むのも、「いい人でないといけない」「嫌われてはいけない」「人間関係を円滑にしなければいけない」という執着があるから。

だからまずは、自分が執着していること、わかりやすくいえば**「夢」「目標」「理想」「こだわり」を捨てていくこともまた、悩みからの解放への道**です。

◉夢や目標はないほうが自由で楽しい

現在の私には夢も目標もなく、「男は（夫は、父親は）こうでないといけない」という固定観念もありません。依頼される仕事は真剣に取り組むものの、ほかの時間は自分が楽しいと感じること、快適だと感じることをして過ごしています。

むしろ**夢や目標に縛られないぶん、自由になれます。何をしてもいいし、しなくて**

もいいからです。

もちろん、夢や目標を持つことを否定はしません。それで成功する人はいるでしょうし、それで幸福になる人もいると思うからです。

目標を持つメリットは、「やるべきこと」「達成すべきこと」「努力する方向性」が明確になることです。

スポーツなら自分の記録やライバル校を目標に、受験なら偏差値や志望校を目標に、仕事でも数値目標など目指すべき筋道がはっきりする。それがさらにモチベーションを高めてくれる。乗り越えれば達成感や充足感を得られる。「やればできる」という自信につながる。

それこそオリンピックに出場するようなスポーツ選手は、幼少期から世界レベルの大会で入賞することを目標に、人生の大半を練習に捧げています。

だから、夢や目標がある人は、それを掲げて努力をすればいい。

一方で、そんな**夢や目標はなくても生きていけますし、幸福をつかみとることも十分できます**。むしろ、何もないからこそ自由で毎日が楽しいと感じるくらいです。

というのも、夢や目標がないからこそ「その実現のためにはこれをしないといけない」という義務感ではなく、**「とにかく楽しいこと、ワクワクすること、やりたいことだけをしよう」という、本能や欲求に忠実に生きることができる**からです。

むろん私は自営業者ですからそういう生き方ができるという側面はあるでしょう。それでも、サラリーマンでも、ギラついた野心を持たず日々淡々と仕事をこなしている人のほうが、同じ職場での仕事が長続きするという調査結果があるそうです。

これは私の推測ですが、会社員としての「夢」や「目標」がないからこそ、「達成できなかった」「成し遂げることができなかった」という挫折感とは無縁になるからかもしれません。あるいは、同僚の昇進などにも嫉妬することがなく、自分のペースを守ることができるからかもしれません。

それは良い悪いではなく、「それでもいいんだ」「いろいろな生き方があっていいんだ」と思えれば、心がラクになるのではないでしょうか。

◉直感を大切にして流れに身を任せてみる

「しかしそれだと、単に流されてしまうだけではないか」という懸念もあるかもしれません。

私もかつてはそう思っていたこともありますが、40代も後半のこの年齢になって気づいたのは、**流れに身を任せていたほうが、「意外と楽しい島に到達できる」こともある**というメリットです。

「あの島を目指して」と必死でオールを漕ぐのもよいのですが、潮と風に逆らわずゆったり船の旅を楽しんでいたら、見ず知らずの島に流れ着いたがそこが想像以上に居心地がよかった、というイメージです。

たとえば子どものころに「医者になる」という目標を掲げたら、偏差値の高い高校へ進学し、大学は医学部へ進む必要があります。入学後は医師国家試験合格を目指し、大学病院などで実務経験を積む。

医者になったあとも、臨床だけでなく世界の医学論文を読み最新の医療を研究する。途中で勤務医か開業かという選択はあったとしても、医者として必要な努力はある程度明確で、それを生涯続けることになります。

つまり、つねに到達すべき島がわかるし、見える。すでに到達した人もたくさんいるから、ロールモデルも存在する。

そういう生き方もありますが、「一生が見え過ぎている」「想定の範囲内で冒険がない」人生のようにも映ります。

一方、そうしたものがなければ、**「自分が知らなかった自分」が見つかる偶然も起こります。**

たとえば繰り返し私の例で恐縮ですが、学生時代は公認会計士を目指していましたが、いまは投資家・起業家・著述家とまったく違う仕事です。

不動産投資を始めたのも、『金持ち父さん貧乏父さん』（筑摩書房）の影響を受けたのがきっかけです。

起業も、不動産投資で知り合った人から「一緒にやらないか」と誘われたのがきっかけ。自分で不動産仲介会社を立ち上げたのも、ある大富豪からのお誘いがあったから。

本を書くようになったのも、ペンネームで出していたメルマガを出版社の編集者が読んでくれて「本にしませんか」と誘われたから。

いま起業家を育成するスクールを主催しているのですが、それも妻とその友人からのお誘いがきっかけです。

という感じで、途中途中では「公認会計士になりたい」「外資コンサルに行きたい」「起業したい」「不労所得をつくりたい」などという目標はあったものの、人との出会い、お誘いといった、**意図しなかった偶然の連続でいまに至っているの**と感じます。

10代、20代、30代だった当時の自分でも、いまの生活は予想すらしていませんでした。

ただその際、何も考えずに選んだわけではなく、わりと直感で「それ面白そう」と感じた選択をしてきたように思います。

メリットがあるか、有利か不利か、正しいか間違っているかという軸で選ぼうとすると、未来は見えないのでどうしても迷うものです。たとえばどの会社に行けばいいかなんて、インターンでもやれば別ですが、行ってみないとわからないでしょう。

しかし、**好きか嫌いか、ピンとくるかこないか、ノレそうかどうか、ワクワクするかという軸で選べば、あとになっても納得・満足できる判断につながる**ような気がします。

もちろん失敗もあるのですが、「ノッている」ときには単なる試行錯誤の過程に過ぎませんから、傷つかないし挫折もしないのです。

人生には正しいも間違いもなく、「楽しい生き方」と「そうでない生き方」があるだけだというのが私の考えです。だから楽しく生きるには、自分の直感で楽しめそうな選択をしていけばいいのではないか、と考えています。

こんなふうに悟ったのは40歳になる直前でしたから、「40にして惑わず」というのは当たっているように思います。

◉「生きる意味」は与えられるものではなく見出すもの

どうせ自分なんて生きていても意味がない、人生に意味はあるのだろうか、自分が生きている価値なんてない、何をやってもうまくいかない運命なんだ、などと悩む人がいます。

しかし、そこでハタと考えてみる。

自分がなんのために生きているのかわかったら、何か変わるのだろうか？

人生の意味がわかったら、何か変わるのだろうか？

実は、わかったらスッキリしそうな気がするだけであり、本音のところは、「自分が何をやりたいか」がわからない不安や悶々としたやりどころのなさ、不完全燃焼によるイライラの裏返しに過ぎないことがほとんどです。

私は、人生にはそもそも意味も価値も決まっておらず、生まれたら自動的に意味が決まってくるようなものでもなく、自分がどう捉えるかという認識の問題に過ぎないと考えています。

自分が生まれてきた意味とか人生の意味とかは、他人に与えてもらうのではなく自分で見出すもの。何もしないで最初から決まっているわけでもないし、悩んだから答えが出てくるというものではない。

動いて努力して結果が出て、あとで振り返って「こういう意味があったんだろう」などと感じるものである。それは誰かに与えてもらうものではなく、自分でそう解釈しているに過ぎない。そしてその意味も経験や年齢などによって変わる。

つまり、自分がまだあまり動いていない段階では、人生に意味はないし意味づけも不要。意味を考えること自体に意味がなく、それよりも自分が打ち込めるものを見つけることです。

夢中になれるものがあれば、そんなことで悶々と悩むヒマなどないですから。

自分探しで旅に出る人も同じ精神構造で、**自分が何者かは、自己実現を目指して努力する過程で見える「適性」や「資質」を感じる**ことです。それなのに経験値が少ない段階で自分探しをしても何も見つからないわけです。

いろいろなことを経験して「いいな」「好きじゃないな」「楽しい」「感動した」という感情を抱き、自分はどういう志向や信念を持った人間かを自覚していく。

つまり自分とは、成長過程の経験を通じてつくり、それを自分なりに理解していくものなのではないでしょうか。

32

「あきらめられない」と悩むのをやめる

やめられない人

自分の適性を発揮する方法に気づけない。

やめられた人

自分の適性に応じた働き方・生き方ができる。

挫折

◉あきらめてもそこで人生は終了しない

あきらめたくなったとき、挫折しそうになったときはどうするか。

自分を奮い立たせて努力する道もあれば、すっぱりあきらめる道もあります。

ここで多くの人が悩む原因になるのが、「あきらめてはいけない」「あきらめたらそこで試合終了」「継続こそ力なり」という、「あきらめないことが善、あきらめるのは悪」「あきらめるのは弱い人間だ」という価値観です。

あきらめずに粘り続けるのはたしかに尊いことかもしれませんが、誰でもできることではありません。だからなのか、あきらめずに努力して勝利や成功をつかみ取る映画、マンガ、ドラマはいつの時代も人気で、人の心を打ちます。自分ができないことを作中の主人公に託し、私たちは感動するわけです。

それに、あきらめるのはたしかに悔しい。あきらめることに対する罪悪感だけでなく、自分の無能さ、意志の弱さを認め、自分に負けたことを思い知らされることになるからです。

でも、**あきらめることはそんなに悪いことなのでしょうか。むしろそれは間違った刷り込みなのかもしれない**、と感じることがあります。

なぜなら私たちは、**あきらめながら自分の適性に応じた職業や生き方をつかみ取っていく**からです。

たとえば子どものころ、プロ野球選手やプロサッカー選手に憧れ練習に励んだとしても、レギュラーになれないとか、試合でも1回戦予選負けしていれば、自分には才能がないと薄々気づきます。そしてその道はあきらめ、ほかの道を探します。

全国大会に出場するほどの選手になれば、高校では全国強豪校に進学したり、大学でもスポーツ推薦でその道に進んだりすることはあるでしょう。

しかし、ほかの卓越した才能を持つ同級生を見て、卒業するころには自分の限界を悟り、就職活動などをするようになります。

そうやってプロになれないほとんどの人は、途中で自分の才能のなさに気づき、あるいはスポーツ以外の職業があることを知り、ほかの生き方を目指すようになります。

◉前向きにあきらめたほうが幸せになれることも

もちろんあきらめずに大成した人もたくさんいます。「何かを得るためには、継続がモノを言う」場面は現実問題として少なくないからです。

一方で、あきらめて別の道を選んで大成した人もいます。たとえば芸能界を引退し起業して成功するとか、転職して花開いたという話も聞くと思います。

これはどちらが優れているとか、どちらが正しいかではなく、どちらも尊い選択であり、どちらも尊い生き方だと言えます。

なぜなら、**もしあきらめないことが絶対の善だとすれば、それは新たな悲劇を生み出す可能性がある**からです。

たとえば難関と呼ばれる司法試験や公認会計士試験に何度もチャレンジし、合格できなくてもあきらめず、さらに何年も続けたとしたら？

気がついたら40代になっていた。働いていないからなんら職業的な経験もスキルも身についていない。実務経験がなく市場価値はほぼゼロ。ここからどうやって這《は》い上がればいいというのか。

世のなかには3万種類を超える職業があると言われており、もっと早くほかの道を模索しておけば、また違った生き方ができたかもしれないのに……。

そう考えると、**あきらめたほうが幸せになることもある**わけです。

つまり、**「あきらめる」とは、本人が向いていないこと、自分の才能を発揮できないことに拘泥して人生を浪費しないため、あるいは「あんたの適性はここではない」と気づかせるための、人間に備わった合理的なメカニズム**であるようにも感じます。

◉あきらめるからこそ自分の適性が見えてくる

振り返れば、私自身もいろいろあきらめながら自分の適性を探ってきたように思います。

中学生当時、私はバレーボール部のキャプテンでエースアタッカーだったこともあり、県内屈指のバレー強豪高校への進学を目指したことがあります。

しかし私のチームは万年予選負けで、バレーがうまいといっても部員のなかでだけ。強豪校ではレギュラーにすらなれないだろうし、なのに1時間以上もの通学に時間を費やすのは割に合わない。

それよりも先輩がいないほうが気楽だと、バレーは早々にあきらめ新設校に1期生として入学しました。だから高校生活はなかなか楽しく、当時の同級生とはいまでもたまに飲み会を開いています。

挫折

大学のときに公認会計士をあきらめたことは述べましたが、米国公認会計士（CPA）には受かりました。が、CPAとして仕事をしたことは一度もなく、合格証書すら紛失しています。資格に縛られた仕事は自分には向いていないと感じたからです。

英語もあきらめました。学生時代は英語学習が好きでしたが、社会人になってからは苦しくなってきました。そもそも英語を使った仕事は少ないうえ、勉強している時間は無収入なのでモチベーションがわかない。

それで「もう英語の学習はしない」「日本語で十分」「必要なら通訳を雇えばいい」と決め、長年ほこりをかぶっていた教材やら本やらを全部捨てました。

こうして長年の英語コンプレックスが解消しました。

起業して立ち上げた不動産会社では、当初は上場を目指して奔走していましたが、人のマネジメントに疲れて挫折しいまはひとり会社です。

この経験のおかげで「自分には人のマネジメントは向いていない」と知ることができ、「文章を書く」という自分の能力を発揮できる領域を知ることができました。

そうやって**いろいろあきらめてきたからこそ、自分なりに納得した生き方ができて**

いるのだと思っています。

◉「あきらめるときの判断基準」を設定しておく

そういう自分の経験を通じ、わかったことがあります。それは、**あきらめるかどうかの岐路に立たされたとき、判断基準を持っておくとダラダラ迷わずに済む**、ということです。

私の場合は3つあり、**「やっていて楽しいか」「自由な生き方につながるか」「儲かるか」です。それに合致しなければ、「あきらめていい」と判断する**ようにしています。

最初の「やっていて楽しいか」は結構重要で、「その取り組み自体がつらい」「考えるだけで憂鬱になる」ことだとしたら、それは苦行でしかありません。

むろん、自分は20代でまだまだこれからという場合は必要な修行かもしれませんが、私のように人生も中盤を迎えると、「楽しくないと意味がない」と考えています。

つぎの「自由な生き方につながるか」は私の個人的な基準ですが、いまは自由が何より最優先だからです。

そのため、どんなに大きなチャンスがあっても、自由が損なわれる選択はしないようにしています。会社を大きくしないのも、あまりプロジェクトの手を広げないようにしているのも、自由のためです。

最後の「儲かるか」はモチベーションの根源でもありますが、儲かっても楽しくないとか時間に縛られることはしたくないので、現状の優先順位としては3番目です。

33

「立ち直れない」と悩むのをやめる

やめられない人　どうしたらいいか、わからなくなる。

やめられた人　内省し、自分を取り戻していく。

◉一度の挫折や絶望で人生は決まらない

絶望するとは、「視野がせまくなる」ことでもあります。視野がせまくなれば選択肢が見えなくなり、どうしていいかわからなくなる。だからもうダメだとよけいに絶望してしまいます。

しかし、一度の挫折や絶望で人生が決まるほど、人間の存在は単純ではありません。

たとえば7歳や8歳という幼いころに子役で人気絶頂となった芸能人がその後没落することもありますし、ホームレスから起業して会社を上場させた人もいます。

華麗なキャリアを積んできても定年後に自動車死亡事故を起こす人もいれば、ノーベル賞受賞者の平均年齢が60代や70代であるように、晩年になってようやく認められることもあります。

このように、人生とはほとんどの人にとって山あり谷ありで、自分の身に起こったことの意味や、自分の判断の何が正しかったかは、死の床を迎えて目を閉じる瞬間にならないとわからない。

つまり、**幸せだったか不幸だったかの判断は、死ぬときでないとわからない**のです。

しかし悲惨な目に遭うと、そうした「山があれば谷もある」ことが見えなくなってしまう。

そこで、**もし「絶望してもう立ち直れない」と感じたら、いったん引きこもって何もしない時間を持つこと**です。アパートの一室でもいいし、実家に戻ってもいいし、田舎に引っ越してもいい。失敗して叩かれて傷ついたら、引きこもってエネルギーを回復させることです。

ＳＮＳなどからは距離を置き、テレビも持たない。人間関係をリセットし、世間とのつながりを完全に遮断する。

身体の傷だけでなく心の傷も、癒すには時間が必要であり、せまくなった視野から解放されるには、外界から隔離されたゆったりと流れるヒマな時間が必要です。

そして公園を散歩したり、森林や川沿いを歩くなどしたりして、なんの約束も予定もなく、ただ流れていくだけの時間。そのなかで過去を振り返りつつ、内省し、自分を取り戻していくのです。

会社を辞めて引きこもっても、ひとり孤独になっても生きていけます。

水道光熱費1万5000円、スマホ5000円、食費5万円、家賃は田舎に行けば1万円。服飾品などは、リサイクルショップに行けば数百円で手に入る。子ども服も1着100円程度です。

それなら月収8万円程度、年収100万円あれば生きていけるわけで、アルバイトで軽く働けばいい。時給1000円で月20日働くとして、1日4時間で約10万円になります。8時間働くなら、月10日の労働でいい。

そして**時間さえかければ、誰でも立ち直ることができます。人生は90年もあるのですから、3年や5年は療養だと割り切ることです。**

◉失恋の苦しさを乗り越えるには？

お金は失っても働いてまた稼げばいい。借金でどうにもならなくなれば、自己破産して解放されることもできる。会社で何か失敗しても、始末書と減給程度で済みます。仮にクビになっても、また就職活動をすればいい。受験で失敗しても再受験すればいい。誰かに裏切られたら裁判を起こして戦えばいい。

様々な逆境や挫折で傷ついても、前述のとおり引きこもるぐらいで済みますが、なかなかどうにもならないのが失恋の痛みです。

恋愛感情をコントロールするのは難しく、そう簡単に割り切れないものがあります。実際、失恋のストレスで入院する人もいるぐらい人の心を傷つけます。

「こんなに好きになった人は初めて」とか「結婚するならこの人しかいない」という恋人との離別は、格別にしんどいものがあります。

私も若いころは、フラれてヤケ酒をしたりしたこともありますし、食欲もなく仕事をする気力もなく、げっそりとやせて茫然自失な生活を送ったこともあります。

「もうこの人以外考えられないというほど好きだったのに、自分はいったいこれからどうすればいいのか」「もう彼女以上の異性なんて現れるはずもなく、未来はもうないんじゃないか」そんな絶望感と悲しみで、何も手につかない……。

私の経験上、これを乗り越える方法をいくつかご紹介します。

ひとつは、**その相手を完全に視界から消す**ことです。接点があれば悲しくなるだけなので、一切の手がかりを消してしまうのです。

挫折

メールのやりとりや電話番号も完全消去、ＳＮＳも閉じて別の名前で再登録。仕事関係の人なら自分が転職する。

同じ場所に住み続ければ、ふだんの景色でも一緒に過ごした日々を思い出してしまうので、引っ越しして初めての街に住む。

そうやって相手との記憶がよみがえるようなものが一切目に入らないようにする方法です。

つぎはまったく逆の方法で、**むしろたくさん思い出して悲しみを徹底的に味わい、悲しみ尽くす**のも、心の傷が早く癒えます。悲しみにも慣れてきますし、思い出すのも飽きてくるからです。

仕事に専念すれば忘れられるというタイプの人もいると思いますが、仕事にならないのであれば、ウツなど精神疾患と称して休職がおすすめです。１か月分の給料なんて捨ててしまいましょう。

そして部屋にこもり、楽しかった思い出を振り返り、たくさん泣く。

涙にはストレスを緩和させる物質が含まれていると言われますが、ストレスによって発生した有害物質を排出する効果もあるそうです。

だからもっともっと泣けるようにする。お酒や買い物などでごまかしたりするのではなく、同じような別れの映画を観るなどして、悲しみの感情を増幅させて、もっともっとたくさんの涙を流すのです。

つぎに、**失意の感情を外に吐き出し切ってしまう**ことです。友人知人がいれば話を聞いてもらう。でも相手もそんなに暇ではないし、言いにくいこともあるでしょう。簡単に言葉にしにくい感情もあるかもしれない。

なのでおすすめは、「**匿名ブログ**」をつくって悲しみをつづることです。反省や後悔、あるいはつぎの恋への決意など、湧きあがってくるすべての感情を書いて書いて吐き出す。言葉にならない感情を、もがいてもがいて言語化することは、感情の整理に役立つからです。

あるいは、別れた相手に向けた「**出さない手紙**」を書いてもいい。謝罪や感謝や見返してやりたい気持ちなど、どうせ相手には出さないのですから、自分をごまかさないで書いてみましょう。

そうやって**思いを溜め込まずに全部出してしまう**のです。

最後は、当たり前ですが**つぎの出会いを探す**ことです。恋人探しアプリでも婚活アプリでもいいので、とにかく新しい恋に向けて一歩を踏み出す。

どんなに傷ついていても、別の異性と会話やメールやデートをしている間は、結構気がまぎれるものです。

ただし女性の場合はすぐに身体を許さないことです。恋愛に発展していない段階では、身体の関係があっても心が満たされることはないからです。

そしてどんなに打ちひしがれたとしても、傷は必ず癒える日が来る。時間が解決してくれる。そう信じて「ヤケ」を起こさないこと。思考を放棄し現実逃避に走れば、それは後悔しか生まないのですから。


そしてそうやって時間が経過していけば、かつての記憶は徐々にかすれ、悲しみも和らいでいきます。人間の記憶や感情は不思議なもので、あんなにつらく悲しかった別れも、単なる「思い出」に変わっていくのです。

34

「出来事に一喜一憂」するのをやめる

やめられない人
失意のまま人生を終えてしまう。

やめられた人
人生の後半戦でピークを迎え、理想的な生き方が実現できる。

◉「ピーク・エンドの法則」で人生を考える

「**ピーク・エンドの法則**」をご存知でしょうか。

これは2002年にノーベル経済学賞を受賞した心理学者・行動経済学者のダニエル・カーネマンが提唱した理論で、**「ピーク」と「エンド」の経験が、物事の印象を大きく左右する傾向を表したもの**です。

つまり、私たちは経験や出来事のすべてを平等に評価しているのではなく、偏った評価をして「幸せだった」「不幸だった」などと感じています。

これは人事評価でもよくあることで、年度の前半に成果を出していても、後半でポカをやれば、上司は直近の出来事に引きずられて低い評価をしてしまう、といったことは珍しくないと思います。

たとえば私の場合、中学時代はバレーボール部のキャプテンを務め、校内マラソン大会でも優勝し、中学総体の予選でも毎年代表選手に選ばれるなど、主に運動面で活躍しました。

そして中学最後の春、第一志望の高校に合格しました。

「スポーツで活躍した」というピークと、「志望校に合格した」というエンドによって、私のなかでは「まずまずよい中学時代だった」という評価になっています。
高校は前述のとおり楽しかったですし、第一志望ではなかったものの東京の大学に合格し、念願の上京を果たしたというエンドでしたから、やはりよい高校時代だったという評価です。
一方、大学時代はというと、授業のつまらなさに落胆したり、バイト学生で貧しかったり、公認会計士の受験に失敗したりというネガティブな「ピーク」があり、「どこにも就職が決まらずに卒業した」という「エンド」によって、「あまりよい大学時代ではなかった」という評価になっています。

当然ながら、それらの途中途中で、ポジティブな経験もネガティブな経験もしているのですが、ピークとエンドの経験に引きずられて全体を決めているわけです。「終わりよければすべてよし」ということわざもあるくらいですからね（とはいえいまでは、前述の大学時代の経験も「あのころがあったからいまがある」というポジティブな評価になっています）。

そしてこれを人生に置き換えると、人生の後半戦において仕事なり趣味なりでピークを迎えれば、「まずまずいい人生だった」という幸福感や満足感を得られる可能性が高いと言えます。

反対に、若かりしころにどんな偉業を成し遂げたとしても、晩節を汚せば失意の人生を終えることになる。

つまり、**途中でいろいろなことがあったとしても、後半にポジティブなピークを持ってきて、その勢いをできるだけ保ちながらポジティブなエンドを迎えれば、不幸に思えた過去の評価も変わる**わけです。

そのため、人生１００年時代（現実的には90歳くらいでしょうか）を迎えた現代、人生の後半戦、つまり40歳や45歳ぐらいから盛り上がり、60歳から70歳くらいにピークを持ってくるのが理想的な生き方のひとつのような気がします。

これがあまり早いと尻すぼみの人生になりかねないですし、遅過ぎても老化も進みますから活躍できる時間が短くなる可能性もある。

もちろん人によって考え方は様々で、過去の遺産で生きていくというのもアリです。たとえば企業経営者でも、老害などと言われる前に勇退し、「V字回復させた有能な経営者」という評判のまま引退すれば、周囲から賞賛されつつ人生の最終コーナーを回れるでしょう。

ただ会社員の場合、たしかに40代や50代でピークを迎える人が多いわけですが、そこから急速に下降することが多いため、定年退職が必ずしもポジティブなエンドとは限りません。

そのため在職中から起業なり趣味なりに取り組み、下降曲線をもっとなだらかに持っていく必要がありそうです。

そう考えると、45歳くらいまでは紆余曲折を経験していいし、低迷する時代があってもいいと思えてきます。迷いながら、いろいろな仕事に挑戦し、いろいろな人と出会い、いろいろな経験を積み重ねていく。その過程で知恵やスキルが高まり、人脈もできる。それが人生の後半戦で輝きを放つ土台となる。

そして、**「仕事や会社がどうなるか」よりも、「自分はどう生きたいか」「自分の人生にどのような構想を持つか」という大局観を持ち、その実現のために自分がいまやるべきことに専念する。**

すると、いままでの悩み、そしていま抱えている悩みは、実はすごくちっぽけなことだと思いませんか。

そんなことでウジウジしている場合ではないと思えてきませんか。

おわりに

「成長する」とは「心が強くなること」

本書で述べてきたことをまとめると、つぎのことになります。

・悩みを可視化し、具体的な課題に変えて手を打つ
・根拠のない「べき」という固定観念に気づき、捨てる
・他人に依存せず、自己責任意識を強く持つ
・自分の感覚に鋭敏になり、心の声に従う
・あらゆるネガティブな出来事も、自分への教訓になるよう意味を付け替える

これらは多分に心の内的な作業ですから、人間が「成長する」とは、「心が強くなる」ことではないかと私は考えています。

たとえばスポーツ競技などで、プレッシャーに押しつぶされて結果が出せない人がいるように、いかに才能があっても心が弱いとそれを発揮できません。

しかし、「本番に強い」人がいるように、心が強ければ、困難な場面ではむしろ驚くような力を発揮できるでしょう。

そして心が強ければ、失敗しても何度でも復活できますし、他人の目を過剰に気にすることもなく、余裕が持てて視野が広がります。

幸福な人生とは、快適・安心・楽しい・喜びといった快体験に満ちた人生のことであり、心の発達とは、そうした経験や感覚を得られる力をつけることです。

それには、不快体験での不快な感情を制御する力の獲得が必要です。そのなかのひとつである「悩み」の制御に関し、本書がお役に立てれば幸いです。

最後に、私が大好きなアメリカンインディアンの言葉をご紹介します。

「あなたが生まれたとき、あなたは泣いて、周りは笑っていたでしょう。だからあなたが死ぬときは、周りが泣いて、あなたが笑っているような人生にするのですよ」

そんな人生にするために、ちょっと宣伝になりますが、拙著『「いい人」をやめれば人生はうまくいく』『孤独をたのしむ力』『捨てるべき40の「悪い」習慣』（いずれも日本実業出版社）もお役に立てると思いますので、ぜひ手に取ってみていただければ幸いです。

午堂登紀雄（ごどう　ときお）

1971年岡山県生まれ。中央大学経済学部卒。米国公認会計士。大学卒業後、東京都内の会計事務所にて企業の税務・会計支援業務に従事。大手流通企業のマーケティング部門を経て、世界的な戦略系経営コンサルティングファームであるアーサー・D・リトルで経営コンサルタントとして活躍。2006年、株式会社プレミアム・インベストメント&パートナーズを設立。現在は個人で不動産投資コンサルティングを手がける一方、投資家、著述家、講演家としても活躍。『捨てるべき40の「悪い」習慣』『「いい人」をやめれば人生はうまくいく』『孤独をたのしむ力』（いずれも日本実業出版社）などベストセラー著書多数。

自分《じぶん》なりの解決法《かいけつほう》が見《み》つかる

前向《まえむ》きに悩《なや》む力《ちから》

2020年10月１日　初版発行

著　者　午堂登紀雄 ©T.Godo 2020

発行者　杉本淳一

発行所　株式会社日本実業出版社　東京都新宿区市谷本村町３−29 〒162-0845
大阪市北区西天満６−８−１ 〒530-0047

編集部　☎03-3268-5651

営業部　☎03-3268-5161　振　替　00170−1−25349

https://www.njg.co.jp/

印刷／壮光舎　　製本／共栄社

ISBN 978-4-534-05807-2　Printed in JAPAN